Libertad Robada, Liberalismo vs Dictadura

Pavel Pieri

Published by Pavel Pieri, 2024.

LIBERTAD ROBADA, LIBERALISMO VS DICTADURA

First edition. June 25, 2024.

Copyright © 2024 Pavel Pieri.

ISBN: 979-8224902705

Written by Pavel Pieri.

Dedicatoria

A todos los cubanos que han sido víctimas de la dictadura, quienes, con gran valentía y sacrificio, han dejado su tierra natal en busca de la libertad.

A aquellos que han soportado la separación de sus seres queridos, la incertidumbre del exilio y los desafíos de comenzar de nuevo en tierras desconocidas.

A los que, a pesar de la distancia, mantienen viva la esperanza de un futuro mejor para Cuba, trabajando incansablemente desde cualquier rincón del mundo para ver su país libre y próspero.

A ustedes, cuyas historias de lucha y resiliencia son testimonio del espíritu indomable del pueblo cubano.

Este libro es para ustedes, con la esperanza de que un día podamos volver a una Cuba donde la libertad y la justicia prevalezcan.

Con gratitud y admiración,

Pavel Pieri

"Libertad Robada", Liberalismo vs Dictadura:

El Renacer del Caimán del Caribe.

INTRODUCCIÓN:

Libertad Robada

Subtítulo: El Renacer del Caimán del Caribe

Bienvenidos a "Libertad Robada, Liberalismo vs Dictadura: El Renacer del Caimán del Caribe". En este libro, exploraremos la compleja historia de Cuba, desde los días gloriosos de la Constitución de 1940 hasta la realidad actual bajo un régimen dictatorial. Analizaremos cómo la libertad ha sido robada al pueblo cubano y cómo una nueva constitución basada en liberalismo, democracia y anticorrupción podría traer un renacimiento para esta isla caribeña. Este libro no solo pretende informar, sino también provocar reflexión y debate. Los invito a sumergirse en esta travesía histórica y a considerar cómo el conocimiento del pasado puede ayudarnos a construir un futuro mejor para Cuba.

El pueblo cubano ha sido testigo de uno de los procesos más dramáticos de pérdida de libertad en la historia moderna. Desde el triunfo de la Revolución Cubana en 1959, la promesa de libertad y prosperidad se transformó en un régimen que ha controlado cada aspecto de la vida de sus ciudadanos. Este libro examina cómo la libertad fue robada en Cuba y propone un camino hacia la recuperación basada en el liberalismo, la democracia y la anticorrupción.

Cuba, una isla con una rica historia de luchas y aspiraciones, ha pasado por diversas etapas de desarrollo político, social y económico. Desde su independencia de España en 1898 hasta el establecimiento de un régimen comunista en 1959, el país ha experimentado un tumultuoso viaje. Este eBook busca explorar este viaje, destacar las comparaciones entre diferentes periodos históricos y proponer un futuro basado en principios de libertad y democracia.

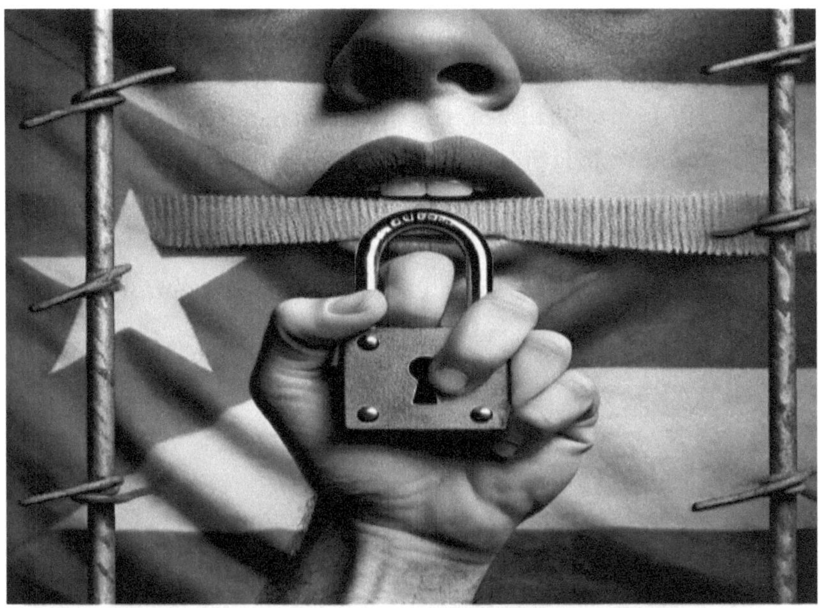

CAPÍTULO 1: LA LIBERTAD Robada en Cuba

Introducción a la pérdida de la libertad en Cuba.

La historia de Cuba es una historia de luchas, sacrificios y sueños de libertad. Antes de la Revolución de 1959, Cuba disfrutaba de un período de progreso y desarrollo bajo la Constitución de 1940, considerada una de las más avanzadas de su tiempo. Sin embargo, con la llegada al poder de Fidel Castro, la libertad fue gradualmente erosionada, y Cuba se convirtió en una dictadura comunista.

- ¿Cómo comenzó este proceso?

La Revolución Cubana, liderada por Fidel Castro, prometió liberar al pueblo cubano de la opresión y la desigualdad. Sin embargo, tras la toma del poder, el régimen rápidamente comenzó a consolidar su control, eliminando la oposición y restringiendo las libertades individuales y colectivas. La libertad de expresión, de prensa y de asociación fueron las primeras víctimas, seguidas por la propiedad privada y el libre mercado.. Este capítulo explora cómo y por qué se robaron esas libertades.

Hechos Históricos Relevantes:

- **1959:** Triunfo de la Revolución Cubana. Fidel Castro toma el poder y comienza una serie de reformas radicales.
- **1961:** Nacionalización de todas las empresas privadas, eliminando la propiedad privada y estableciendo el control estatal sobre la economía.
- **1965:** Fundación del Partido Comunista de Cuba, único partido político permitido, consolidando el control del gobierno sobre la vida política.
-

- **1980:** Éxodo del Mariel, donde miles de cubanos huyeron en busca de libertad, evidenciando el descontento popular.

- **1994:** Crisis de los Balseros, otro éxodo masivo que reflejó la desesperación de la población.

- **2022:** Éxodo de los Volcanes, nombrado así por la travesía de los cubanos por Nicaragua. Un éxodo masivo provocado por el régimen debido a la represión al pueblo por salir a las calles a pedir libertad, comida, etc. Protestas pacíficas del 11 de julio de 2021.

Constitución de Cuba de 1940.
Principios y derechos garantizados.

- **Derechos laborales:** La Constitución de 1940 establecía una jornada laboral de 8 horas, derecho a la huelga, y otras protecciones para los trabajadores.
- **Educación gratuita:** Garantizaba acceso a la educación para todos los ciudadanos, lo que permitió una reducción significativa del analfabetismo.
- **Separación de poderes:** Definía un sistema de gobierno con poderes ejecutivos, legislativos y judiciales independientes, algo fundamental para cualquier democracia. Progreso y desarrollo (1900-1958).
- **Economía:** Cuba era una de las naciones más prósperas de América Latina, con un PIB per cápita comparable al de algunos países europeos. Las industrias azucarera y tabacalera florecían, y la isla era un destino turístico popular.
- **Salud y educación:** Los servicios de salud eran avanzados para la región, con hospitales bien equipados y un sistema educativo que producía profesionales de alta calidad.

- **Libertad política y social:** Existía una prensa libre y una vida política activa con múltiples partidos, aunque también hubo períodos de inestabilidad política.

Datos históricos.

- En 1957, el PIB per cápita de Cuba era de $356 dolares, muy por encima del promedio de América Latina.
- Cuba tenía una tasa de alfabetización del 76%, una de las más altas de la región.

Constitución Cubana Actual
Principios y derechos actuales

- **Derechos restringidos:** La libertad de expresión, de prensa y de asociación están severamente limitadas. El Partido Comunista de Cuba (PCC) es el único partido legal.

- **Control estatal:** El PCC tiene el control total sobre el gobierno y la sociedad, lo que ha llevado a una centralización del poder sin contrapesos democráticos.

Comparación (1959-2023)

- **Economía: Desde 1959**: la economía cubana ha enfrentado un estancamiento constante. La falta de inversión extranjera, las políticas económicas fallidas y el embargo estadounidense han contribuido a una crisis económica prolongada.

- **Salud y educación:** Aunque el acceso es universal, la calidad ha disminuido considerablemente debido a la falta de recursos y la emigración de profesionales capacitados.

- **Libertad política y social:** La represión de la disidencia es una constante, con detenciones arbitrarias y persecución de opositores políticos. Los medios de comunicación están controlados por el estado, y el acceso a información independiente es limitado.

VENTAJAS Y DESVENTAJAS de ambas constituciones

- **1940:** Progresista y promotora de derechos, pero inestable políticamente y susceptible a la corrupción.

- **Actual:** Garantiza ciertos servicios básicos, pero a costa de las libertades fundamentales y el desarrollo económico.

REFLEXIÓN PARA EL LECTOR:

- ¿Cómo crees que habría sido el destino de Cuba si la Constitución de 1940 hubiera evolucionado sin la intervención de la Revolución de 1959?

- ¿Es posible que la democracia y el progreso económico pudieran haber coexistido y prosperado?

COMPARACIÓN ENTRE LA Constitución de 1940 y la Constitución Actual

Constitución de 1940:

- **Derechos Fundamentales:** Garantizaba amplias libertades individuales y derechos sociales, incluyendo libertad de prensa, asociación y expresión.
- **Estructura de Gobierno:** Establecía un sistema democrático con separación de poderes entre el ejecutivo, legislativo y judicial.
- **Participación Ciudadana:** Promovía la participación activa en la vida política y el respeto a los derechos humanos.

Constitución Actual (1976, reformada en 2019):

- **Derechos Limitados:** Restringe libertades fundamentales y promueve el control estatal. Los derechos están supeditados a la ideología socialista del estado.
- **Poder Concentrado:** El poder está centralizado en el Partido Comunista, sin espacio para la oposición política.
- **Participación Controlada:** La participación política está limitada a organizaciones controladas por el Estado, eliminando la pluralidad política y la verdadera democracia.

Capítulo 3: Comparación de la Cuba Pre-Revolución y Post-Revolución

Periodo 1900-1958

Avances:

- **Economía:** Crecimiento económico sostenido, con un PIB per cápita similar al de países europeos. Cuba era uno de los mayores exportadores de azúcar y tenía una economía diversificada.
- **Educación:** Altos niveles de alfabetización y desarrollo de instituciones educativas de renombre internacional.
- **Salud:** Sistemas de salud avanzados y acceso a servicios médicos, con hospitales y clínicas bien equipados.

Desafíos:

- **Desigualdad Social:** Marcada disparidad entre ricos y pobres, con una concentración de riqueza en manos de una élite.
- **Corrupción:** Alta incidencia de corrupción política y administrativa, lo que erosionaba la confianza en las instituciones.
- **Inestabilidad Política:** Golpes de estado y cambios de gobierno frecuentes, creando un clima de incertidumbre.

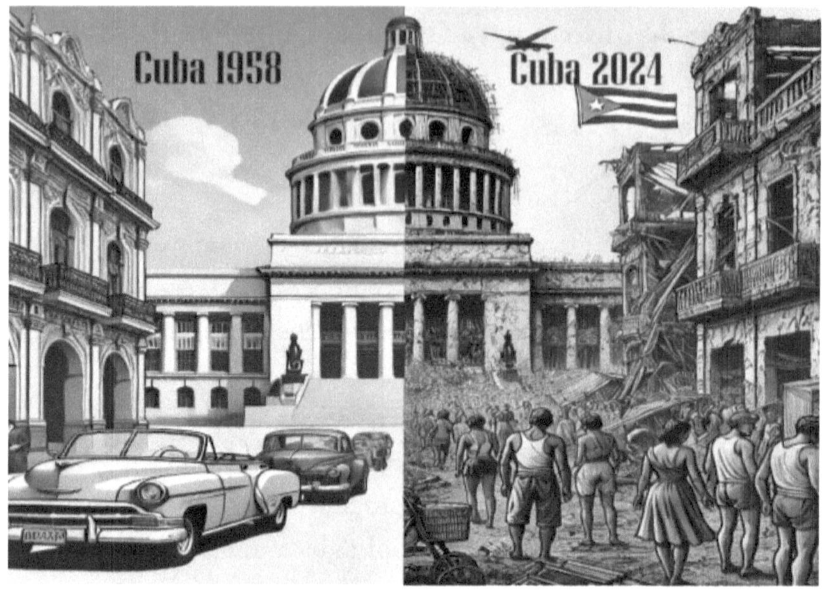

PERIODO 1959-2023

Impacto del Régimen Actual:

- **Economía:** Estancamiento económico, con una economía centralmente planificada que ha llevado a la escasez de bienes y servicios básicos. La dependencia del apoyo de la Unión Soviética y luego de Venezuela ha agravado la situación.
- **Educación:** Acceso a educación gratuita y universal, pero con calidad decreciente y un alto nivel de adoctrinamiento político.
- **Salud:** Sistema de salud accesible, pero con falta de recursos y medicamentos, afectando la calidad de atención.

Comparación Objetiva:

- **Progreso Económico:** El periodo pre-revolucionario mostró un crecimiento económico más dinámico y una mayor diversificación económica.

- **Libertades Individuales:** La Cuba pre-revolucionaria disfrutaba de mayores libertades civiles y políticas, a pesar de sus desafíos.
- **Calidad de Vida:** La calidad de vida en términos de acceso a bienes y servicios básicos fue significativamente mejor antes de la revolución.

Interacción para el lector:

- ¿Cómo compararías las libertades individuales y los derechos humanos en Cuba entre ambos periodos?

- ¿Qué impacto crees que ha tenido la falta de libertades sobre la vida cotidiana de los cubanos?

CAPÍTULO 4: LIBERALISMO vs Dictadura

Conceptos Fundamentales

Liberalismo:

- Filosofía política que Promueve la libertad individual, los derechos humanos y un mercado libre. Defiende la limitación del poder del estado y la protección de las libertades civiles. Ejemplos de países liberales incluyen Estados Unidos, Canadá y muchos países de Europa Occidental.

Democracia:

- Sistema de gobierno donde el poder reside en el pueblo, que elige a sus representantes a través de elecciones libres y justas. Características clave incluyen la separación de poderes, el estado de derecho y la protección de los derechos individuales. Ejemplos incluyen Suecia, Alemania y Japón.

Dictadura:

- Régimen político en el que una sola persona o un grupo tiene el poder absoluto, sin restricciones legales o institucionales. Los derechos y libertades son limitados, y la oposición es suprimida. Ejemplos históricos incluyen la Alemania nazi, la Unión Soviética y la Corea del Norte actual.

Análisis del sistema actual de Cuba

Datos y hechos

- **Censura:** Cuba ocupa uno de los últimos lugares en el Índice de Libertad de Prensa de Reporteros Sin Fronteras. La censura es omnipresente, y los periodistas independientes enfrentan constantes amenazas y arrestos.

- **Persecución de opositores:** Organizaciones como Human Rights Watch documentan detenciones arbitrarias, hostigamiento y represión de activistas y periodistas. El gobierno utiliza la intimidación y la violencia para silenciar la disidencia.

- **Control total del Partido Comunista:** El PCC controla todos los aspectos de la vida política y social en Cuba, desde los medios de comunicación hasta las organizaciones civiles. No hay espacio para la oposición política o la diversidad de opiniones.

- Economía Centralizada: Ausencia de mercado libre y nacionalización de recursos, lo que ha llevado a la ineficiencia económica y la escasez crónica de bienes y servicios.

Beneficios de un Sistema Liberal y Democrático:

- **Libertad Económica:** Estimula la innovación y el crecimiento económico. Países como Chile y Estonia han experimentado un notable crecimiento económico tras adoptar políticas liberales.
- **Derechos Humanos:** Protección de las libertades individuales y colectivas. Ejemplos de democracias liberales como Canadá y Suecia muestran altos niveles de respeto por los derechos humanos.
- **Gobernanza Transparente:** Reducción de la corrupción y promoción de la transparencia. La transparencia y la rendición de cuentas son fundamentales para una democracia saludable.
- **Participación ciudadana:** Los ciudadanos tienen voz y voto en las decisiones políticas, lo que promueve la transparencia y la responsabilidad gubernamental.

Ventajas y Desventajas de Ambos Sistemas:

- **Liberalismo:** Mayor libertad y prosperidad económica, pero puede generar desigualdad si no se regula adecuadamente. Ejemplos como Estados Unidos muestran prosperidad económica pero también desafíos en términos de desigualdad.
- **Dictadura:** Control y estabilidad a corto plazo, pero a costa de la libertad y el bienestar a largo plazo. Países como Corea del Norte y Venezuela ejemplifican los problemas de las dictaduras.

Comparación con sistemas liberales y democráticos
Beneficios de la democracia: ◦

- **Participación ciudadana:** Los ciudadanos tienen voz y voto en las decisiones políticas, lo que promueve la transparencia y la responsabilidad gubernamental.

- **Transparencia:** Los gobiernos democráticos están obligados a rendir cuentas a sus ciudadanos, lo que reduce la corrupción y mejora la eficiencia administrativa.

- **Protección de los derechos individuales:** Las democracias garantizan derechos y libertades fundamentales, permitiendo a los individuos vivir y expresarse libremente.

Desventajas del régimen actual:

- **Represión política:** La falta de libertades individuales y la persecución de opositores crean un ambiente de miedo y desconfianza.

- **Falta de oportunidades económicas:** La economía centralmente planificada ha llevado al estancamiento y la pobreza, limitando el desarrollo personal y profesional.

- **Desigualdad social:** La falta de una economía libre y la corrupción endémica han creado una sociedad altamente desigual.

Interacción para el lector:

- ¿Has experimentado alguna vez la censura o la falta de libertades?

- ¿Cómo crees que un sistema democrático podría cambiar la vida diaria de los cubanos?

CAPÍTULO 5: LA NECESIDAD de una Nueva Constitución

Argumentos para una Constitución Moderna

Importancia de actualizar la Constitución al siglo XXI.

Una Constitución no es solo un documento legal; es un reflejo de los valores y aspiraciones de una nación. Para que Cuba prospere en el siglo XXI, necesita una Constitución que refleje los principios modernos de libertad, democracia y anticorrupción.

Beneficios de una Constitución moderna para Cuba

- **Política:** Una Constitución moderna promovería la transparencia, la rendición de cuentas y la participación ciudadana, elementos esenciales para una democracia saludable.

- **Económica:** Atraería inversión extranjera y fomentaría el desarrollo económico sostenible, creando empleos y mejorando el nivel de vida.

- **Social:** Garantizaría derechos y libertades individuales, asegurando igualdad de oportunidades y justicia social.

Análisis de por qué la Constitución de 1940 no es suficiente Aspectos negativos de la Constitución de 1940.

- **Inestabilidad política:** La Constitución de 1940 no pudo evitar los golpes de estado y los conflictos internos que afectaron gravemente la estabilidad del país.

- **Corrupción y desigualdad:** A pesar de sus progresistas provisiones, la corrupción y la desigualdad de oportunidades persistieron, especialmente entre las clases trabajadoras y campesinas.

- **Crímenes y violencia:** La inestabilidad política y la represión gubernamental llevaron a actos de violencia y sublevaciones armadas. Jóvenes desesperados por el cambio se radicalizaron, llevando a un ciclo de violencia que culminó en la Revolución.

Impacto en la juventud y la sociedad

- **Radicalización:** La falta de oportunidades y la represión política radicalizaron a muchos jóvenes, quienes recurrieron a la violencia con la esperanza de un cambio.

- **Decepción:** Muchos revolucionarios iniciales se desilusionaron rápidamente cuando vieron que el nuevo régimen no cumplía sus promesas de libertad y democracia, sino que instauraba una dictadura aún más represiva.

Limitaciones de la Constitución de 1940:

- **Contexto Histórico:** Adecuada para su época, pero desfasada para los desafíos del siglo XXI. Fue una constitución avanzada para su tiempo, pero no aborda los retos modernos como la globalización y la tecnología.
- **Problemas Históricos:** Alta corrupción, inestabilidad política y desigualdad de oportunidades. Estos problemas contribuyeron a la eventual revolución y al caos político.

PROPUESTA DE CONSTITUCIÓN Basada en Liberalismo, Democracia y Anticorrupción:

- **Ejemplos de Éxito:** Constituciones modernas en países como Alemania y Finlandia han demostrado cómo las libertades individuales y la democracia pueden coexistir con la estabilidad política y el progreso económico.
- **Beneficios para Cuba:** Una nueva constitución podría traer estabilidad política, crecimiento económico, y protección de los derechos fundamentales. Un marco constitucional moderno puede garantizar la separación de poderes, la transparencia y la participación ciudadana efectiva.

Reflexión para el lector:

• ¿Crees que una Constitución moderna podría prevenir los errores del pasado y guiar a Cuba hacia un futuro más estable y próspero?

• ¿Qué características consideras esenciales para esta nueva Constitución?

Capítulo 6: Propuesta de una Constitución Moderna

ELEMENTOS CLAVE DE una Constitución basada en Liberalismo, Democracia y Anticorrupción
Derechos y Libertades Fundamentales

Libertad de Expresión

PROPUESTA: Garantizar el derecho a expresarse libremente sin censura ni represalias.
Cómo se Aplicaría:

1. **Implementación de Leyes Protectoras:**
    - **Legislación Específica:** Redactar y promulgar leyes que protejan explícitamente la libertad de expresión y establezcan sanciones claras para cualquier forma de censura o represión.
    - **Mecanismos de Supervisión:** Crear mecanismos de supervisión para monitorear y asegurar que se respete la libertad de expresión en todos los ámbitos, incluyendo medios de comunicación, redes sociales y espacios públicos.
2. **Educación y Conciencia Pública:**
    - **Campañas de Concienciación:** Lanzar campañas de concienciación para educar a la población sobre

sus derechos de expresión y cómo ejercerlos de manera responsable.

- ○ **Formación para Funcionarios:** Capacitar a funcionarios públicos y fuerzas del orden en el respeto y protección de la libertad de expresión.

Impacto Esperado:

- **Fomento del Debate Público:** Mayor diversidad de opiniones y un debate público más rico y constructivo.
- **Mayor Creatividad e Innovación:** Un entorno donde la libre expresión fomenta la creatividad y la innovación en diversas áreas, desde el arte hasta la ciencia.
- **Fortalecimiento de la Democracia:** Una democracia más robusta con ciudadanos informados y capaces de expresar sus opiniones libremente.

Ejemplos Internacionales:

- **Estados Unidos:** La Primera Enmienda protege la libertad de expresión de forma robusta.
- **Canadá:** La Carta Canadiense de Derechos y Libertades garantiza el derecho a la libertad de expresión.

Libertad de Prensa

PROPUESTA: Asegurar la independencia de los medios de comunicación y el derecho a recibir información veraz.

Cómo se Aplicaría:

1. **Creación de Organismos Reguladores Independientes:**
   - ○ **Regulación y Supervisión:** Establecer organismos

reguladores independientes que supervisen la operación de los medios de comunicación, asegurando su independencia y libertad de presiones políticas o económicas.

- ◦ **Protección Legal:** Promulgar leyes que protejan a los periodistas y los medios de comunicación contra la censura y las represalias.

2. **Incentivos para la Prensa Libre:**

- ◦ **Subvenciones y Apoyos:** Ofrecer subvenciones y apoyos económicos a medios independientes para fomentar una prensa libre y plural.
- ◦ **Premios y Reconocimientos:** Instituir premios y reconocimientos para el periodismo de investigación y de calidad.

Impacto Esperado:

- **Medios Más Críticos y Responsables:** Un periodismo más investigativo y responsable que contribuya a la transparencia y rendición de cuentas.
- **Mayor Transparencia:** Una mayor transparencia en la información pública, permitiendo a los ciudadanos tomar decisiones informadas.

Ejemplos Internacionales:

- **Suecia:** La Ley de Prensa de 1766, la más antigua del mundo, garantiza la libertad de prensa.
- **Noruega:** Sistema de medios independiente y regulado para asegurar la calidad y veracidad de la información.

Libertad de Reunión y Asociación

PROPUESTA: Garantizar el derecho a reunirse y formar asociaciones o partidos políticos.

Cómo se Aplicaría:

1. **Derogación de Leyes Restrictivas:**
   - **Revisión Legal:** Revisar y derogar leyes que restrinjan injustamente la libertad de reunión y asociación.
   - **Nuevo Marco Legal:** Promulgar nuevas leyes que protejan explícitamente estos derechos y establezcan procedimientos claros para la formación de asociaciones y partidos políticos.
2. **Promoción de Organizaciones Civiles y Políticas:**
   - **Fomento de la Sociedad Civil:** Apoyar y fomentar la creación y operación de organizaciones civiles y políticas a través de programas de financiamiento y formación.
   - **Acceso a Espacios Públicos:** Garantizar que las asociaciones tengan acceso a espacios públicos para reuniones y actividades.

IMPACTO ESPERADO:

- **Fortalecimiento de la Sociedad Civil:** Una sociedad civil más robusta y activa, capaz de influir en las decisiones políticas.
- **Democracia Participativa:** Un mayor involucramiento de los ciudadanos en la política, fortaleciendo la democracia

participativa.

Ejemplos Internacionales:

- **Alemania:** La Ley de Asociaciones facilita la formación de organizaciones.
- **Suiza:** Democracia directa que permite reuniones y asociaciones para influir en políticas.

Libertad Religiosa

PROPUESTA: Proteger el derecho a practicar cualquier religión o ninguna.

Cómo se Aplicaría:

1. **Garantía de Separación Iglesia-Estado:**
   - **Reformas Constitucionales:** Reformar la constitución para garantizar la separación entre la iglesia y el estado.
   - **Protección Legal:** Promulgar leyes que protejan la libertad religiosa y sancionen la discriminación basada en la religión.
2. **Sanción de la Discriminación Religiosa:**
   - **Mecanismos de Denuncia:** Crear mecanismos accesibles para que los ciudadanos denuncien actos de discriminación religiosa.
   - **Educación y Conciencia:** Implementar programas educativos para fomentar la tolerancia y el respeto por la diversidad religiosa.

Impacto Esperado:

- **Mayor Tolerancia y Respeto:** Un ambiente de mayor tolerancia y respeto por la diversidad religiosa.
- **Protección de la Libertad Individual:** Garantizar que todos los ciudadanos puedan practicar su religión libremente, sin temor a represalias o discriminación.

Ejemplos Internacionales:

- **Canadá:** La Carta de Derechos y Libertades protege la libertad religiosa.
- **Estados Unidos:** La Primera Enmienda asegura la libertad religiosa.

Derecho a la Privacidad

PROPUESTA: Proteger las comunicaciones y datos personales de los ciudadanos.

Cómo se Aplicaría:

1. **Implementación de Leyes de Protección de Datos:**
   - **Legislación Específica:** Crear leyes que regulen el acceso y uso de los datos personales por parte del estado y entidades privadas.
   - **Derechos del Ciudadano:** Garantizar derechos a los ciudadanos para acceder, rectificar y eliminar sus datos personales.
2. **Regulación del Acceso Estatal:**
   - **Supervisión Independiente:** Establecer organismos independientes que supervisen el acceso del estado a la información personal.
   - **Transparencia en la Recolección de Datos:** Asegurar que la recolección de datos personales sea

transparente y con el consentimiento informado de los ciudadanos.

Impacto Esperado:

- **Mayor Confianza en el Manejo de Datos:** Aumento de la confianza pública en cómo se manejan y protegen sus datos personales.
- **Protección Contra Abusos:** Reducir los riesgos de abusos y violaciones de la privacidad por parte del estado y entidades privadas.

Ejemplos Internacionales:

- **Unión Europea:** Reglamento General de Protección de Datos (GDPR).
- **Australia:** Ley de Protección de la Privacidad.

Derecho al Debido Proceso

PROPUESTA: Garantizar juicios justos y equitativos.
  Cómo se Aplicaría:

1. **Reforma del Sistema Judicial:**
    - **Independencia Judicial:** Asegurar la independencia del sistema judicial mediante reformas estructurales y legales.
    - **Acceso a la Defensa:** Garantizar que todos los ciudadanos tengan acceso a una defensa legal adecuada, independientemente de su situación económica.
2. **Imparcialidad y Transparencia:**

- ◦ **Capacitación Judicial:** Proveer formación continua para jueces y abogados en principios de justicia, equidad e imparcialidad.
- ◦ **Procedimientos Transparentes:** Implementar procedimientos judiciales transparentes y accesibles al público.

Impacto Esperado:

- **Mayor Justicia y Equidad:** Asegurar que todas las personas reciban un trato justo y equitativo en el sistema judicial.
- **Confianza en el Sistema Judicial:** Incrementar la confianza de los ciudadanos en la imparcialidad y eficacia del sistema judicial.

Ejemplos Internacionales:

- **Sudáfrica:** Constitución que asegura el debido proceso.
- **Dinamarca:** Sistema judicial reconocido por su equidad.

Conclusión

GARANTIZAR LAS LIBERTADES fundamentales es esencial para construir una sociedad libre, justa y democrática. Implementar políticas que aseguren la libertad de expresión, la libertad de prensa, la libertad de reunión y asociación, la libertad religiosa, el derecho a la privacidad y el derecho al debido proceso es crucial para fortalecer el estado de derecho y los derechos humanos en Cuba.

Gobierno y Democracia

Separación de Poderes

PROPUESTA: Establecer una clara separación entre el poder ejecutivo, legislativo y judicial.

Cómo se Aplicaría:

1. **Reforma Constitucional:**
   - **Redacción de la Constitución:** Reformar la constitución para establecer claramente las funciones y límites de cada uno de los poderes del Estado.
   - **Independencia de los Poderes:** Garantizar la independencia de cada poder, evitando la influencia indebida de uno sobre otro.
2. **Mecanismos de Control y Balance:**
   - **Sistemas de Supervisión:** Implementar sistemas de supervisión y contrapesos, como el veto presidencial, revisión judicial y la supervisión legislativa.
   - **Comisiones Mixtas:** Crear comisiones mixtas de control que incluyan representantes de los tres poderes para revisar decisiones críticas y asegurar el balance de poder.

Impacto Esperado:

- **Evitar la Concentración de Poder:** Reducir el riesgo de autocracia y abuso de poder, promoviendo una gobernanza más democrática y equilibrada.
- **Promover la Gobernanza Democrática:** Fomentar la transparencia, la responsabilidad y la rendición de cuentas en

el gobierno.

Ejemplos Internacionales:

- **Estados Unidos:** Sistema de gobierno con clara separación de poderes y fuertes mecanismos de control y balance.
- **Francia:** Sistema de gobierno con un equilibrio claro entre los poderes ejecutivo, legislativo y judicial.

Elecciones Libres y Justas

PROPUESTA: Garantizar elecciones periódicas, libres y transparentes supervisadas por organismos independientes.

Cómo se Aplicaría:

1. **Establecimiento de una Comisión Electoral Independiente:**
   - **Comisión Autónoma:** Crear una comisión electoral independiente con autonomía administrativa y financiera.
   - **Transparencia Electoral:** Asegurar que la comisión supervise todas las etapas del proceso electoral, desde la inscripción de votantes hasta la declaración de resultados.
2. **Transparencia en el Proceso Electoral:**
   - **Observadores Internacionales:** Invitar a observadores internacionales para supervisar las elecciones y garantizar su imparcialidad.
   - **Educación Electoral:** Implementar programas de educación electoral para informar a los ciudadanos sobre sus derechos y el proceso electoral.

Impacto Esperado:

- **Fortalecimiento de la Democracia:** Asegurar que las elecciones reflejen la voluntad del pueblo, fortaleciendo la confianza en el sistema electoral.
- **Mayor Participación Ciudadana:** Incrementar la participación ciudadana al garantizar procesos electorales justos y transparentes.

Ejemplos Internacionales:

- **Noruega:** Sistema electoral transparente y confiable, con altos niveles de participación ciudadana.
- **Nueva Zelanda:** Elecciones supervisadas por organismos independientes, asegurando transparencia y confianza en el proceso electoral.

Participación Ciudadana

PROPUESTA: Fomentar la participación de la sociedad civil en decisiones políticas.

Cómo se Aplicaría:

1. **Mecanismos de Participación:**
     - **Referendos:** Introducir referendos sobre temas importantes para permitir que los ciudadanos se expresen directamente.
     - **Iniciativas Populares:** Permitir que los ciudadanos propongan leyes o reformas a través de iniciativas populares que puedan ser votadas en referendos.
2. **Foros de Participación:**
     - **Asambleas Ciudadanas:** Establecer asambleas

ciudadanas y consultas públicas para discutir políticas y reformas.

- **Plataformas Digitales:** Crear plataformas digitales para que los ciudadanos puedan participar y expresar sus opiniones de manera accesible y eficiente.

Impacto Esperado:

- **Mayor Involucramiento Ciudadano:** Incrementar la participación ciudadana en la política, asegurando que las decisiones reflejen mejor la voluntad popular.
- **Fortalecimiento de la Democracia Directa:** Fomentar una democracia más participativa y directa, donde los ciudadanos tengan un papel activo en la toma de decisiones.

Ejemplos Internacionales:

- **Suiza:** Democracia directa con referendos frecuentes, permitiendo a los ciudadanos votar sobre una amplia variedad de temas.
- **Islandia:** Referéndum constitucional de 2012 para la creación de una nueva constitución, con amplia participación ciudadana.

Descentralización del Poder

PROPUESTA: Promover la autonomía de los gobiernos locales y regionales.

Cómo se Aplicaría:

1. **Reforma de la Estructura del Estado:**
   - **Autonomía Local y Regional:** Otorgar más

poderes a las entidades locales y regionales, permitiéndoles tomar decisiones sobre asuntos que afectan directamente a sus comunidades.
- Distribución de Recursos: Asegurar una distribución justa de los recursos entre el gobierno central y los gobiernos locales y regionales.

2. **Fortalecimiento de las Capacidades Locales:**
   - **Capacitación y Recursos:** Proveer capacitación y recursos a los gobiernos locales y regionales para mejorar su capacidad de gestión y toma de decisiones.
   - **Participación Comunitaria:** Fomentar la participación de la comunidad en la planificación y ejecución de políticas locales.

Impacto Esperado:

- **Mayor Eficiencia:** Mayor eficiencia en la respuesta a las necesidades locales, adaptando las políticas a las realidades específicas de cada región.
- **Desarrollo Local:** Fomentar el desarrollo económico y social a nivel local y regional, empoderando a las comunidades para tomar control de su propio destino.

Ejemplos Internacionales:

- **Alemania:** Sistema federal que otorga poder significativo a los estados, permitiendo una gestión más eficiente y adaptada a las necesidades locales.
- **España:** Comunidades Autónomas con autonomía significativa, permitiendo una mayor flexibilidad y adaptación de las políticas a las realidades regionales.

Conclusión

IMPLEMENTAR POLÍTICAS que promuevan la separación de poderes, elecciones libres y justas, participación ciudadana y descentralización del poder es esencial para fortalecer la democracia en Cuba. Aprendiendo de ejemplos exitosos como Estados Unidos, Francia, Noruega, Nueva Zelanda, Suiza, Islandia, Alemania y España, Cuba puede establecer un marco sólido que garantice un gobierno democrático, transparente y participativo.

Anticorrupción

<u>Transparencia Gubernamental</u>

Propuesta: Implementar políticas que aseguren la transparencia en todas las actividades gubernamentales.

Cómo se Aplicaría:

1. **Publicación de Información Gubernamental:**
   - **Portales de Transparencia:** Crear portales web accesibles donde se publique información detallada sobre gastos, decisiones y contrataciones gubernamentales.
   - **Acceso a la Información:** Implementar leyes de acceso a la información que permitan a los ciudadanos solicitar y obtener datos sobre las actividades gubernamentales.
2. **Divulgación de Datos en Tiempo Real:**
   - **Transmisiones en Vivo:** Transmitir en vivo las sesiones parlamentarias, las reuniones de alto nivel y otros eventos importantes del gobierno.
   - **Informes Periódicos:** Publicar informes periódicos y detallados sobre el uso de los recursos públicos y los resultados de las políticas implementadas.

Impacto Esperado:

- **Reducción de la Corrupción:** Mayor transparencia dificulta las prácticas corruptas al exponer las actividades gubernamentales al escrutinio público.
- **Mayor Confianza en el Gobierno:** Los ciudadanos tendrán mayor confianza en sus instituciones al poder acceder a información clara y detallada sobre la gestión pública.

Ejemplos Internacionales:

- **Suecia:** Gobierno abierto y transparente, con una cultura de acceso a la información pública.
- **Nueva Zelanda:** Alto nivel de transparencia gubernamental, con sistemas efectivos de divulgación de información.

Rendición de Cuentas

Propuesta: Establecer mecanismos para que los funcionarios públicos rindan cuentas de sus acciones.

Cómo se Aplicaría:

1. **Comisiones de Auditoría Independientes:**
   - **Auditorías Regulares:** Crear comisiones de auditoría independientes que realicen revisiones periódicas de las cuentas y actividades de las instituciones gubernamentales.
   - **Informes Públicos:** Publicar los resultados de las auditorías en portales accesibles para que los ciudadanos puedan revisar y evaluar la gestión de los funcionarios públicos.
2. **Procesos de Revisión Periódicos:**
   - **Evaluaciones de Desempeño:** Implementar evaluaciones regulares del desempeño de los funcionarios públicos, con indicadores claros y objetivos.
   - **Mecanismos de Sanción:** Establecer procedimientos para sancionar a los funcionarios que no cumplan con sus deberes o que cometan actos de corrupción.

Impacto Esperado:

- **Reducción de la Impunidad:** Al aumentar la rendición de cuentas, se reduce la impunidad y se promueve una mayor responsabilidad entre los funcionarios públicos.
- **Mayor Responsabilidad:** Los funcionarios públicos serán más conscientes de sus acciones y estarán más comprometidos con una gestión honesta y eficiente.

Ejemplos Internacionales:

- **Reino Unido:** Auditoría nacional independiente que supervisa la gestión financiera del gobierno.
- **Singapur:** Estrictos mecanismos de rendición de cuentas y auditorías regulares.

Control y Fiscalización

Propuesta: Crear organismos independientes que fiscalicen el uso de los recursos públicos.

Cómo se Aplicaría:

1. **Agencias de Fiscalización:**
   - **Autonomía Administrativa y Financiera:** Establecer agencias de fiscalización con plena autonomía administrativa y financiera para evitar influencias políticas.
   - **Mandato Claro:** Definir un mandato claro y específico para estas agencias, centrado en la supervisión y control del uso de los recursos públicos.
2. **Fiscalización Continua:**
   - **Monitoreo y Evaluación:** Implementar sistemas de monitoreo y evaluación continua del gasto público y de la implementación de políticas.

- ○ **Colaboración Internacional:** Colaborar con organismos internacionales para adoptar mejores prácticas y estándares globales en fiscalización.

Impacto Esperado:

- **Reducción de la Malversación de Fondos:** La existencia de organismos independientes y bien equipados reduce las oportunidades para la malversación de fondos públicos.
- **Uso Eficiente de los Recursos:** Mejor fiscalización asegura que los recursos públicos se utilicen de manera eficiente y efectiva.

Ejemplos Internacionales:

- **Chile:** Consejo de Auditoría General autónomo que supervisa la gestión financiera del estado.
- **Canadá:** Oficina del Auditor General independiente que revisa y reporta sobre las operaciones del gobierno.

<u>**Protección a Denunciantes**</u>

Propuesta: Proteger legalmente a quienes denuncien actos de corrupción.

Cómo se Aplicaría:

1. **Legislación de Protección:**
   - **Anonimato y Seguridad:** Crear leyes que garanticen el anonimato y la protección contra represalias para los denunciantes de actos de corrupción.
   - **Procedimientos Claros:** Establecer procedimientos claros y accesibles para que los ciudadanos puedan denunciar actos de corrupción de manera segura.
2. **Incentivos y Apoyo:**
   - **Incentivos Financieros:** Proveer incentivos financieros o recompensas para quienes denuncien actos de corrupción que resulten en investigaciones exitosas.
   - **Apoyo Legal y Psicológico:** Proveer apoyo legal y psicológico a los denunciantes para protegerlos durante el proceso de denuncia e investigación.

Impacto Esperado:

- **Mayor Detección de Corrupción:** La protección y el apoyo a los denunciantes aumentarán la cantidad de casos de corrupción detectados y denunciados.
- **Ambiente Más Ético:** Fomentar una cultura de transparencia y ética, donde los ciudadanos se sientan seguros y respaldados al denunciar actos corruptos.

Ejemplos Internacionales:

- **Australia:** Leyes de protección a denunciantes que garantizan el anonimato y la seguridad.
- **Estados Unidos:** Acta de Protección al Denunciante que proporciona incentivos y protección legal a los denunciantes.

Conclusión

Implementar políticas robustas de anticorrupción en Cuba es esencial para promover la transparencia, la rendición de cuentas y la eficiencia en el uso de los recursos públicos. Aprendiendo de ejemplos exitosos como Suecia, Nueva Zelanda, Reino Unido, Singapur, Chile, Canadá, Australia y Estados Unidos, Cuba puede establecer un marco sólido que fomente un ambiente de ética y transparencia en el gobierno.

Economía y Propiedad

Libertad Económica

PROPUESTA: Promover la libre empresa y la protección de la propiedad privada.

Cómo se Aplicaría:

1. **Reducción de Barreras Burocráticas:**
    - **Simplificación de Trámites:** Digitalizar y simplificar los trámites administrativos necesarios para iniciar y operar un negocio, reduciendo la burocracia y los costos asociados.
    - **Facilitación de Inversiones:** Crear ventanillas únicas para inversores, tanto nacionales como extranjeros, para agilizar los procesos de inversión y establecimiento de empresas.
2. **Protección de los Derechos de Propiedad:**
    - **Registro de Propiedades:** Establecer un sistema de

registro de propiedades eficiente y accesible, garantizando la seguridad jurídica de los derechos de propiedad.
- ○ **Legislación Firme:** Implementar y hacer cumplir leyes que protejan la propiedad privada contra expropiaciones injustas y garantizar la indemnización justa en caso de necesidad pública.

Impacto Esperado:

- **Aumento de la Inversión:** Mayor confianza de los inversores nacionales e internacionales, estimulando la inversión y el crecimiento económico.
- **Crecimiento Económico:** Un entorno empresarial más dinámico y eficiente, con mayores oportunidades de empleo y desarrollo económico.

Ejemplos Internacionales:

- **Singapur:** Entorno favorable para los negocios y alta protección de la propiedad privada.
- **Suiza:** Mercado libre con fuerte protección de la propiedad.

Derechos Laborales

PROPUESTA: Garantizar condiciones laborales justas y el derecho a sindicalización.

Cómo se Aplicaría:

1. **Implementación de Leyes Laborales:**
   - ○ **Protección de los Derechos de los Trabajadores:** Establecer leyes que aseguren condiciones laborales

justas, incluyendo horarios razonables, salarios mínimos adecuados y medidas de seguridad laboral.
  - **Derecho a la Sindicalización:** Garantizar el derecho de los trabajadores a formar y unirse a sindicatos, y a negociar colectivamente con los empleadores.
2. **Supervisión y Cumplimiento:**
   - **Inspecciones Regulares:** Realizar inspecciones laborales periódicas para asegurar el cumplimiento de las leyes laborales y las condiciones de trabajo.
   - **Mecanismos de Resolución de Conflictos:** Crear mecanismos efectivos para la resolución de conflictos laborales, facilitando el diálogo entre trabajadores y empleadores.

Impacto Esperado:

- **Mejora en las Condiciones Laborales:** Mayor bienestar y seguridad para los trabajadores, fomentando un ambiente laboral más justo y productivo.
- **Mayor Bienestar:** Incremento en la satisfacción y productividad de los trabajadores, lo que se traduce en un impacto positivo en la economía.

Ejemplos Internacionales:

- **Dinamarca:** Condiciones laborales justas y derecho a sindicalización.
- **Alemania:** Fuerte protección de los derechos laborales.

Regulación Justa del Mercado

PROPUESTA: Evitar monopolios y fomentar la competencia justa.
Cómo se Aplicaría:

1. **Creación de Leyes Antimonopolio:**
    - **Legislación Específica:** Desarrollar y aprobar leyes antimonopolio que prohíban prácticas empresariales desleales y monopólicas.
    - **Entidades Reguladoras:** Establecer organismos reguladores independientes encargados de supervisar y hacer cumplir las leyes antimonopolio.
2. **Fomento de la Competencia:**
    - **Incentivos para Pequeñas y Medianas Empresas:** Proveer incentivos y apoyo a las pequeñas y medianas empresas (PYMEs) para fomentar su desarrollo y participación en el mercado.
    - **Transparencia en Contrataciones Públicas:** Garantizar la transparencia y competencia justa en los procesos de contratación pública, evitando favoritismos y prácticas corruptas.

Impacto Esperado:

- **Mercado Dinámico:** Un mercado más dinámico y competitivo, con mayores oportunidades para nuevas empresas y emprendedores.
- **Beneficios para el Consumidor:** Mayor diversidad de productos y servicios, mejores precios y calidad, beneficiando a los consumidores.

Ejemplos Internacionales:

- **Unión Europea:** Leyes antimonopolio para fomentar la competencia.
- **Estados Unidos:** Ley Sherman Antimonopolio.

Conclusión

IMPLEMENTAR POLÍTICAS económicas que promuevan la libertad económica, protejan los derechos laborales y aseguren una regulación justa del mercado puede transformar significativamente la economía cubana. Al aprender de ejemplos exitosos como Singapur, Suiza, Dinamarca, Alemania, la Unión Europea y Estados Unidos, Cuba puede crear un entorno empresarial más dinámico y competitivo, con mayores oportunidades para todos sus ciudadanos.

Justicia Social

Justicia Social: Igualdad de Oportunidades

PROPUESTA: Asegurar igualdad en educación, empleo y acceso a servicios básicos.

Cómo se Aplicaría:

1. **Políticas de Equidad en Educación:**
   - **Programas de Becas Educativas:** Implementar programas de becas y subsidios para estudiantes de familias de bajos ingresos, garantizando que todos tengan acceso a una educación de calidad.
   - **Capacitación de Maestros:** Proveer formación continua para maestros en métodos de enseñanza inclusivos y adaptados a las necesidades de cada estudiante.
   - **Infraestructura Educativa:** Mejorar las infraestructuras escolares y equiparlas con recursos adecuados, incluyendo acceso a tecnología moderna.
2. **Políticas de Equidad en Empleo:**
   - **Capacitación Laboral:** Crear programas de capacitación y reciclaje profesional, especialmente enfocados en sectores en crecimiento y tecnología.
   - **Incentivos para Empleadores:** Ofrecer incentivos fiscales y otros beneficios a empresas que contraten a personas de comunidades vulnerables o desfavorecidas.
   - **Igualdad Salarial:** Implementar y hacer cumplir leyes que aseguren la igualdad salarial y de oportunidades para todos los trabajadores, independientemente de su género, origen étnico o

condición social.

3. **Acceso Universal a Servicios Básicos:**
   - ◦ **Servicios de Salud:** Proveer acceso universal a servicios de salud a través de seguros de salud accesibles, con evaluaciones socioeconómicas para cubrir costos adicionales.
   - ◦ **Vivienda Digna:** Desarrollar programas de vivienda asequible y de calidad para las comunidades vulnerables, asegurando que todos tengan un lugar seguro y adecuado donde vivir.
   - ◦ **Apoyo a Comunidades Vulnerables:** Implementar programas específicos de apoyo a comunidades vulnerables, incluyendo servicios sociales, asesoramiento y ayudas económicas.

Impacto Esperado:

- **Reducción Significativa de la Desigualdad Social:** Al proporcionar igualdad de acceso a la educación, el empleo y los servicios básicos, se puede reducir considerablemente la desigualdad social.
- **Desarrollo del Potencial Individual:** Proporcionar a todos los ciudadanos, independientemente de su origen socioeconómico, la oportunidad de alcanzar su máximo potencial.
- **Mayor Cohesión Social:** Fomentar una sociedad más unida y justa, donde todos los individuos sientan que tienen la posibilidad de mejorar sus vidas.

Ejemplos Internacionales:

- **Finlandia:** El sistema educativo finlandés es reconocido por su enfoque en la equidad, ofreciendo educación gratuita y de alta calidad a todos los estudiantes.

- **Noruega:** Noruega implementa políticas sociales robustas que garantizan el acceso equitativo a servicios básicos como la salud, la educación y la seguridad social.

Ejemplo Internacional Detallado: Noruega

RESUMEN DEL SISTEMA de Políticas Sociales de Noruega:

1. **Equidad en Educación:**
   - **Educación Gratuita:** Noruega ofrece educación gratuita desde la escuela primaria hasta la universidad, asegurando que todos los estudiantes tengan acceso a una educación de alta calidad sin importar su situación económica.
   - **Programas de Apoyo:** Proveen apoyo adicional a estudiantes con necesidades especiales y aquellos provenientes de familias de bajos ingresos, incluyendo becas y tutorías personalizadas.
2. **Equidad en Empleo:**
   - **Capacitación y Reciclaje Profesional:** Noruega cuenta con programas sólidos de capacitación y reciclaje profesional para ayudar a los trabajadores a adaptarse a los cambios del mercado laboral y mejorar sus habilidades.
   - **Igualdad de Oportunidades:** Las políticas laborales noruegas están diseñadas para asegurar la igualdad de oportunidades y evitar la discriminación en el lugar de trabajo.
3. **Acceso a Servicios Básicos:**
   - **Sistema de Salud:** Noruega ofrece un sistema de

salud universal que garantiza que todos los ciudadanos tengan acceso a atención médica de calidad.

- **Vivienda y Servicios Sociales:** El gobierno noruego proporciona ayudas para vivienda y servicios sociales para aquellos que lo necesiten, asegurando un nivel de vida digno para todos.

Aplicación del Modelo Noruego en Cuba:

1. **Políticas de Equidad en Educación:**
   - Implementar programas de becas y subsidios para garantizar el acceso a la educación para todos los estudiantes, independientemente de su situación económica.
   - Proveer formación continua para maestros y mejorar las infraestructuras escolares, asegurando recursos adecuados y acceso a tecnología moderna.
2. **Políticas de Equidad en Empleo:**
   - Crear programas de capacitación y reciclaje profesional para ayudar a los trabajadores a mejorar sus habilidades y adaptarse a los cambios del mercado laboral.
   - Ofrecer incentivos fiscales a empresas que contraten a personas de comunidades vulnerables y asegurar la igualdad salarial para todos los trabajadores.
3. **Acceso Universal a Servicios Básicos:**
   - Desarrollar un sistema de seguros de salud accesibles que cubran las necesidades básicas y proporcionar evaluaciones socioeconómicas para cubrir costos adicionales.
   - Implementar programas de vivienda asequible y de

calidad, y proporcionar apoyo a comunidades vulnerables a través de servicios sociales y ayudas económicas.

Conclusión

LA ADOPCIÓN DE POLÍTICAS de justicia social enfocadas en asegurar la igualdad de oportunidades en educación, empleo y acceso a servicios básicos puede transformar significativamente la sociedad cubana. Al implementar un sistema basado en los modelos de Finlandia y Noruega, Cuba puede reducir la desigualdad social y proporcionar a todos los ciudadanos la oportunidad de alcanzar su máximo potencial.

Sistema de Salud

PROPUESTA: Establecer un sistema de salud accesible y de calidad para todos los ciudadanos, con competencia justa entre entidades públicas y privadas. Los servicios no serán gratuitos, sino costeados con planes de seguros accesibles que cubran las necesidades básicas, y con mecanismos para cubrir los costos adicionales según la situación socioeconómica del paciente.

Cómo se Aplicaría:

1. **Implementación de un Modelo de Salud Universal con Seguros Accesibles:**
   - **Planes de Seguros Accesibles:** Ofrecer planes de seguros de salud asequibles que proporcionen cobertura para una amplia gama de servicios médicos. Estos planes serán diseñados para ser accesibles a toda la población, independientemente de su nivel de ingresos.
   - **Cobertura de Costos Adicionales:** Los servicios que no estén cubiertos por los seguros de salud serán

evaluados por un equipo de trabajadores sociales del hospital. Este equipo considerará la situación económica y social del paciente y su núcleo familiar, proponiendo un plan de pago o determinando si la deuda debe ser absorbida por el hospital.

2. **Evaluación Socioeconómica:**
   - **Equipo de Trabajadores Sociales:** Cada hospital contará con un equipo de trabajadores sociales que evaluará la situación económica y social de los pacientes que no puedan cubrir todos los costos de su atención médica con su seguro.
   - **Opciones de Pago:**
     - **Plan de Pago:** Basado en la evaluación, el equipo puede proponer un plan de pago ajustado a la capacidad del paciente, negociado y acordado entre ambas partes.
     - **Cobertura del Hospital:** Si el paciente no puede asumir un plan de pago, el hospital cubrirá la deuda y podrá reportarla como pérdidas para exenciones fiscales o utilizar fondos de donaciones destinadas a estos casos.

3. **Colaboración entre Sectores Público y Privado:**
   - **Servicio en Entidades Públicas:** Todo el personal calificado en el sector salud que trabaje en entidades privadas deberá prestar servicios en entidades públicas al menos dos días al mes, con un máximo de cuatro días. En casos excepcionales, se pueden negociar servicios adicionales con compensación monetaria mayor.
   - **Acceso Universal en Emergencias:** Ningún hospital puede negar servicio o tratamiento en sus

instalaciones de emergencia a ningún paciente. Se priorizará la salud e integridad física del paciente, haciendo todo lo posible por preservar la vida humana.

4. **Regulación y Supervisión:**
   - **Entidad Reguladora:** Crear una entidad independiente que supervise el cumplimiento de las leyes establecidas, controle la implementación de costos razonables y evite abusos por parte de las entidades de salud.
   - **Transparencia y Rendición de Cuentas:** Asegurar que todas las instituciones de salud públicas y privadas operen con transparencia, reportando sus costos, servicios y cualquier exención fiscal debidamente justificada.

Impacto Esperado:

- **Mejoras Significativas en la Salud Pública:** Un sistema de salud accesible y de calidad para todos, con servicios equitativos y de alta calidad independientemente de la condición económica.
- **Reducción de la Desigualdad:** Mayor equidad en el acceso a los servicios de salud, asegurando que todos los ciudadanos reciban atención médica adecuada.
- **Innovación y Eficiencia:** Un entorno competitivo que promueve la innovación y la mejora continua en los servicios de salud.

Ejemplos Internacionales:

- **Reino Unido:** El sistema de salud del Reino Unido (NHS) ofrece acceso universal y gratuito, pero también permite la participación de entidades privadas para mejorar la eficiencia.

- **Países Bajos:** Un sistema de salud que combina seguros públicos y privados, proporcionando una cobertura universal con opciones adicionales a través de seguros privados.

Ejemplo Internacional Detallado: Reino Unido

RESUMEN DEL SISTEMA de Salud del Reino Unido (NHS):

1. **Acceso Universal y Gratuito:**
   - **Cobertura Completa:** El NHS proporciona atención médica gratuita en el punto de uso para todos los residentes del Reino Unido, financiado principalmente a través de impuestos generales.
   - **Amplia Gama de Servicios:** Incluye atención primaria, especializada, hospitalaria, dental, ocular y medicamentos recetados.

2. **Participación del Sector Privado:**
   - **Opciones Privadas:** Los pacientes pueden optar por servicios privados para evitar listas de espera o recibir tratamientos especializados. Las entidades privadas complementan al NHS sin reemplazarlo.
   - **Contratación de Servicios:** El NHS a veces contrata servicios privados para reducir listas de espera y mejorar la eficiencia.

3. **Regulación y Supervisión:**
   - **Estándares Rigurosos:** El NHS y las entidades privadas están sujetos a estrictas regulaciones y supervisión para asegurar que se mantengan altos estándares de calidad y seguridad.
   - **Organismos Independientes:** Organismos como la

Comisión de Calidad de la Atención (CQC) supervisan y evalúan la calidad de la atención tanto en el sector público como en el privado.

4. **Innovación y Mejora Continua:**
   - **Incentivos para la Innovación:** Se fomentan iniciativas para mejorar la calidad y eficiencia de los servicios, incentivando tanto a las entidades públicas como privadas.
   - **Inversión en Tecnología:** El NHS invierte continuamente en tecnología médica avanzada para mejorar la atención al paciente.
   -

Aplicación del Modelo del Reino Unido en Cuba:

1. **Planes de Seguros Accesibles:**
   - Desarrollar planes de seguros de salud accesibles que cubran las necesidades básicas, asegurando que todos los ciudadanos puedan acceder a estos planes independientemente de su nivel de ingresos.
   - Garantizar que estos planes sean suficientes para cubrir una amplia gama de servicios médicos básicos.
2. **Cobertura de Costos Adicionales:**
   - Establecer equipos de trabajadores sociales en cada hospital para evaluar la situación económica y social de los pacientes que no puedan cubrir todos los costos con su seguro.
   - Proponer planes de pago ajustados o determinar si la deuda debe ser cubierta por el hospital basado en la evaluación socioeconómica.
3. **Servicio en Entidades Públicas:**
   - Requerir que el personal de salud calificado en el

sector privado trabaje en entidades públicas al menos dos días al mes, con un máximo de cuatro días, para asegurar una transferencia de conocimientos y una mejora en los servicios públicos.

- En casos excepcionales, negociar servicios adicionales con compensación monetaria justa.

4. **Acceso Universal en Emergencias:**
   - Prohibir a los hospitales negar servicios de emergencia a cualquier paciente, independientemente de su capacidad de pago.
   - Priorizar la salud e integridad física del paciente en situaciones de emergencia.

5. **Regulación y Supervisión:**
   - Crear una entidad reguladora independiente que supervise el cumplimiento de las leyes y regulaciones, asegurando que todas las instituciones de salud mantengan altos estándares de calidad y accesibilidad.
   - Implementar mecanismos de auditoría y evaluación continua para garantizar transparencia y rendición de cuentas en todas las instituciones de salud.

Conclusión

LA ADOPCIÓN DE UN SISTEMA de salud que combine seguros accesibles con servicios públicos y privados, inspirado en el modelo del Reino Unido, puede transformar significativamente la atención sanitaria en Cuba. Al asegurar que todos los ciudadanos tengan acceso a una atención médica de calidad, independientemente de su condición económica, y al fomentar una competencia sana entre las entidades públicas y privadas, se puede mejorar significativamente la salud pública y la calidad de vida de la población cubana.

Educación Universal

PROPUESTA: Crear un sistema educativo inspirado en los modelos de Finlandia y otros países con logros educativos destacados, enfocándose en el desarrollo individual de cada estudiante y fomentando una competencia sana entre la propiedad pública y la propiedad privada.

Cómo se Aplicaría:

1. **Reforma del Currículo Educativo:**
   - **Desarrollo de Habilidades Individuales:** Priorizar el desarrollo de habilidades individuales, adaptando el currículo a las necesidades y fortalezas de cada estudiante.
   - **Fomento de la Creatividad y el Pensamiento Crítico:** Incluir actividades que promuevan la creatividad, la resolución de problemas y el pensamiento crítico desde una edad temprana.
   - **Enfoque en la Educación Integral:** Incorporar materias que fomenten el desarrollo físico, emocional y social, no solo académico.

2. **Capacitación de Maestros:**
   - **Formación Continua:** Proveer programas de formación continua para maestros en métodos de enseñanza personalizados y en el uso de tecnologías educativas.
   - **Capacitación en Nuevas Metodologías:** Capacitar a los docentes en pedagogías activas y centradas en el estudiante, como el aprendizaje basado en proyectos y el aprendizaje colaborativo.

3. **Recursos Adecuados para Todas las Escuelas:**
   - **Inversión en Infraestructura:** Asegurar que todas

las escuelas cuenten con las instalaciones necesarias, incluyendo laboratorios, bibliotecas, y acceso a tecnología.

- **Materiales Educativos Modernos:** Proveer materiales educativos actualizados y relevantes, que apoyen el nuevo currículo y las metodologías de enseñanza.
- **Soporte para Necesidades Especiales:** Implementar programas de apoyo para estudiantes con necesidades educativas especiales, garantizando su inclusión y desarrollo pleno.

4. **Competencia Sana entre Propiedad Pública y Privada:**
   - **Fomento de la Competencia:** Permitir y fomentar la coexistencia de escuelas públicas y privadas, asegurando que ambas puedan competir en igualdad de condiciones.
   - **Incentivos y Regulaciones:** Establecer incentivos para las escuelas privadas que demuestren excelencia educativa y regulaciones que aseguren que ambas propiedades mantengan altos estándares de calidad.
   - **Acceso Igualitario:** Garantizar que todas las familias tengan acceso a una educación de calidad, independientemente de si eligen una escuela pública o privada.

Impacto Esperado:

- **Preparación para el Futuro:** Un sistema educativo que prepare mejor a los estudiantes para los desafíos futuros, promoviendo la creatividad, las habilidades críticas y el aprendizaje a lo largo de la vida desde una edad temprana.

- **Reducción de la Desigualdad:** Mayor equidad en el acceso a una educación de calidad, asegurando que todos los estudiantes, independientemente de su origen socioeconómico, tengan las mismas oportunidades.
- **Innovación Educativa:** Un entorno educativo dinámico y adaptativo que promueva la innovación y el emprendimiento.
- **Mejora Continua:** La competencia sana entre escuelas públicas y privadas incentivará la mejora continua en ambos sectores, beneficiando a los estudiantes.

Ejemplos Internacionales:

- **Finlandia:** Líder mundial en educación, con un sistema que promueve la equidad y el desarrollo de habilidades individuales.
- **Canadá:** Reconocido por su sistema inclusivo y su enfoque en la diversidad y el aprendizaje personalizado.
- **Estados Unidos:** Diversidad de opciones educativas con competencia entre escuelas públicas y privadas.

Ejemplo Internacional Detallado: Finlandia

RESUMEN DEL SISTEMA Educativo Finlandés:

1. **Enfoque en la Equidad y la Inclusión:**
   - **Educación Gratuita:** La educación en Finlandia es gratuita desde la educación infantil hasta la universidad, incluyendo libros, materiales y comidas escolares.
   - **Apoyo Individualizado:** Los maestros finlandeses están capacitados para identificar y apoyar las necesidades individuales de los estudiantes. Las

clases tienen un tamaño reducido para permitir una atención más personalizada.

2. **Formación de Maestros:**
    - **Altos Estándares de Formación:** Los maestros deben tener un título de maestría y reciben una formación rigurosa en pedagogía y métodos de enseñanza.
    - **Autonomía y Respeto:** Los maestros en Finlandia gozan de un alto nivel de autonomía en su trabajo y son muy respetados en la sociedad.

3. **Currículo Flexible y Enfocado en el Estudiante:**
    - **Aprendizaje Basado en Fenómenos:** En lugar de enseñar materias aisladas, el currículo finlandés se basa en fenómenos que integran múltiples disciplinas, fomentando un aprendizaje más holístico y conectado con el mundo real.
    - **Evaluación Formativa:** En lugar de exámenes estandarizados, se utiliza la evaluación formativa para dar retroalimentación continua y constructiva a los estudiantes.

4. **Ambiente de Aprendizaje:**
    - **Ambientes de Aprendizaje Acogedores:** Las escuelas están diseñadas para ser acogedoras y confortables, promoviendo un ambiente de aprendizaje positivo.
    - **Innovación y Tecnología:** Las escuelas están bien equipadas con tecnología moderna y fomentan el uso creativo y responsable de la misma en el aprendizaje.

Aplicación del Modelo Finlandés en Cuba:

1. **Implementación Gradual del Currículo Flexible:**
   - Adaptar el currículo cubano para incluir el aprendizaje basado en fenómenos y proyectos integradores que fomenten el pensamiento crítico y la creatividad.
   - Iniciar programas piloto en algunas escuelas y expandir gradualmente según los resultados y las necesidades específicas.
2. **Fortalecimiento de la Formación Docente:**
   - Establecer programas de formación continua para maestros en colaboración con universidades y centros de formación educativa.
   - Crear incentivos para que los maestros se especialicen en metodologías activas y centradas en el estudiante.
3. **Inversión en Infraestructura y Recursos:**
   - Asegurar que todas las escuelas tengan acceso a tecnología moderna y recursos didácticos actualizados.
   - Mejorar las infraestructuras escolares para crear ambientes de aprendizaje más acogedores y funcionales.
4. **Evaluación y Apoyo Individualizado:**
   - Desarrollar sistemas de evaluación formativa que permitan un seguimiento continuo del progreso de los estudiantes y la adaptación de la enseñanza a sus necesidades.
   - Proveer apoyo adicional a estudiantes con dificultades de aprendizaje o necesidades especiales.
5. **Competencia Sana entre Propiedad Pública y Privada:**
   - Fomentar la creación y el desarrollo de escuelas privadas que puedan competir en igualdad de

condiciones con las escuelas públicas, elevando el nivel educativo general.

- ◦ Establecer incentivos fiscales y otros beneficios para las escuelas privadas que logren altos estándares educativos, asegurando al mismo tiempo que no se comprometa la accesibilidad y la equidad.

Conclusión

LA ADOPCIÓN DE UN SISTEMA educativo inspirado en el modelo finlandés, con la inclusión de una competencia sana entre la propiedad pública y privada, puede transformar significativamente la educación en Cuba. Al enfocarse en el desarrollo individual, la creatividad y el pensamiento crítico, y al permitir que tanto las escuelas públicas como privadas compitan y colaboren en un entorno justo, Cuba puede preparar a sus estudiantes para enfrentar los desafíos del futuro con confianza y competencia.

Defensa y Seguridad Nacional

Defensa y Seguridad Nacional

PROPUESTA: Establecer un sistema de defensa nacional que proteja la soberanía y la seguridad del país, con fuerzas armadas profesionales y bien equipadas. Además, garantizar la seguridad interna mediante cuerpos policiales eficientes y respetuosos de los derechos humanos.

Cómo se Aplicaría:

1. **Reforma y Modernización de las Fuerzas Armadas:**
   - **Reestructuración de las Fuerzas Armadas:** Enfocar su principal objetivo en la protección y seguridad de las costas y el espacio aéreo. Eliminar brigadas de infantería y otras unidades creadas para la guerra o represión popular.
   - **Nuevas Directrices:** Crear nuevas fuerzas de seguridad nacional más enfocadas en la protección marítima y aérea contra el tráfico humano, narcotráfico, terrorismo y violaciones de fronteras. Establecer una Guardia Nacional para casos de desastres nacionales, prevención de golpes de estado y protección de los derechos constitucionales del pueblo.
   - **Reevaluación de Recursos:** Evaluar el armamento, instalaciones y propiedades militares para determinar su necesidad en las nuevas reformas. Los recursos no necesarios se someterán a votación popular para decidir si se venden o se utilizan como materia prima para la modernización de los nuevos cuerpos de defensa y seguridad nacional.
2. **Reestructuración del Ministerio del Interior (MININT):**

- ○ **Nuevo Sistema de Seguridad Pública:** Crear un sistema de seguridad pública que represente al pueblo y no a los dirigentes políticos.
- ○ **Nuevas Misiones:** La protección ciudadana, protección de la propiedad privada y pública, prevención de robos, asesinatos, y tráfico ilegal, lucha contra la corrupción, prevención de delitos, y mantenimiento del orden y seguridad en protestas pacíficas.
- ○ **Eliminación de la Represión:** Evitar la ejecución de actos de represión o violaciones a los derechos humanos y constitucionales.

Impacto Esperado:

- **Seguridad Nacional Mejorada:** Una nación más segura y protegida contra amenazas internas y externas, con un respeto riguroso por los derechos humanos.
- **Confianza Pública:** Mayor confianza del pueblo en las instituciones de defensa y seguridad, al sentirse protegidos y representados.
- **Reducción de la Corrupción y la Represión:** Una fuerza de seguridad centrada en la protección y los derechos humanos, eliminando prácticas represivas y corruptas.

Ejemplos Internacionales:

- **Israel:** La Defensa Nacional de Israel es conocida por su capacidad defensiva y sus innovaciones tecnológicas, sirviendo como modelo en términos de eficacia y profesionalismo.

GASTO ACTUAL Y COMPARACIÓN
Gasto Actual en Defensa y Seguridad:

- **PIB Actual Utilizado:** Actualmente, se estima que Cuba destina alrededor del 3-4% de su PIB a las Fuerzas Armadas Revolucionarias (FAR) y el Ministerio del Interior (MININT). Esto incluye gastos en personal, armamento, infraestructura y operaciones.
- **Gasto Histórico:** Desde 1960, el gasto en defensa y seguridad ha sido significativo, con un enfoque en la preparación militar y la seguridad interna. Aunque los datos exactos no siempre son transparentes, se sabe que una parte considerable del presupuesto estatal ha sido destinada a estos organismos.

Propuesta de Reforma y Ahorro:

- **Nuevo Presupuesto Propuesto:** La nueva reforma propone utilizar el 2% del PIB nacional para las fuerzas armadas y la seguridad interna.
- **Ahorro Estimado:** Reduciendo el gasto del 3-4% al 2% del PIB, se lograría un ahorro significativo. Por ejemplo, si el PIB de Cuba es de aproximadamente 100 mil millones de dólares, la reducción en el gasto sería de 1-2 mil millones de dólares anuales.

Impacto del Ahorro y Mejoras Propuestas
Mejoras en la Reforma de Defensa y Seguridad:

- **Reasignación de Recursos:** Los recursos ahorrados se podrían utilizar para modernizar las fuerzas de seguridad con mejor equipamiento y entrenamiento, centrando los esfuerzos en la protección marítima y aérea, así como en la seguridad interna respetuosa de los derechos humanos.

- **Inversión en Tecnología:** Parte del ahorro se puede destinar a la adquisición de tecnologías avanzadas para la vigilancia de fronteras, prevención de narcotráfico y tráfico humano, y respuesta rápida a desastres naturales.
- **Formación y Capacitación:** Invertir en la formación continua y especializada del personal de seguridad y defensa, garantizando que sean profesionales altamente capacitados y comprometidos con la protección de los derechos del pueblo.

Mejoras para el Pueblo Cubano:

- **Inversión en Servicios Públicos:** El ahorro generado permitiría una mayor inversión en servicios públicos esenciales como la salud, la educación y la infraestructura.
- **Desarrollo Social:** Los recursos adicionales podrían financiar programas sociales para mejorar la calidad de vida de los ciudadanos, reducir la pobreza y fomentar el desarrollo económico.
- **Transparencia y Confianza:** Una reducción del gasto militar y un enfoque en la protección de los derechos humanos pueden aumentar la transparencia gubernamental y la confianza pública en las instituciones.

Conclusión

La reforma del sistema de defensa y seguridad nacional de Cuba, centrada en la protección de las costas y el espacio aéreo y en la creación de un sistema de seguridad pública orientado al pueblo, no solo mejorará la seguridad y la protección de los derechos humanos, sino que también generará ahorros significativos que pueden ser reinvertidos en el desarrollo social y económico del país. Reduciendo el gasto del 3-4% al 2% del PIB, Cuba puede redirigir recursos hacia áreas críticas, promoviendo un crecimiento sostenible y una mejora en la calidad de vida de todos sus ciudadanos. Con un enfoque moderno y profesional, las nuevas fuerzas de seguridad y defensa podrán proteger efectivamente la soberanía nacional y los derechos del pueblo, asegurando un futuro más seguro y próspero para Cuba.

Inmigración y Protección de Ciudadanos

Estatus de los Cubanos Dentro y Fuera de la Isla

PROPUESTA: Establecer un sistema legal que reconozca y proteja los derechos de los ciudadanos cubanos tanto dentro como fuera de la isla, asegurando su bienestar y derechos fundamentales independientemente de su lugar de residencia.

Cómo se Aplicaría:

1. **Reconocimiento del Estatus Legal:**
   - **Ciudadanía Dual:** Permitir la doble ciudadanía, reconociendo el derecho de los cubanos en el extranjero a mantener su ciudadanía cubana.
   - **Registro de Ciudadanos en el Extranjero:** Crear un registro oficial de ciudadanos cubanos en el extranjero para mantener una base de datos actualizada y facilitar la prestación de servicios

consulares.

- **Derecho Inalienable:** Los cubanos nacidos en la isla no podrán ser privados de su nacionalidad ni de sus derechos como ciudadanos cubanos, independientemente de cualquier delito que hayan cometido.

2. **Derechos y Deberes:**

- **Derechos:** Asegurar que todos los cubanos, independientemente de su lugar de residencia, tengan derecho a votar, a recibir asistencia consular, a la protección de sus derechos humanos y a la propiedad en Cuba. Además, nunca se les podrá denegar la entrada ni estadía en el país por problemas políticos.
- **Deberes:** Establecer deberes como el cumplimiento de las leyes cubanas, el pago de impuestos cuando corresponda y la defensa de la nación si fuese necesario.
- **Delitos y Extradición:** Si un cubano tiene causas pendientes por delitos cometidos en la isla, se podrá solicitar su extradición o celebrar un juicio justo a través de una corte internacional, o si lo desea, en Cuba, cumpliendo con la sentencia que determinen los tribunales. Tendrá derecho a representación legal y apelaciones. La salida del país solo podrá ser negada si no ha cumplido con la sentencia por sus delitos.

3. **Protección y Asistencia:**

- **Asistencia Consular:** Mejorar los servicios consulares para ofrecer apoyo en situaciones de emergencia, asistencia legal, y documentación para los ciudadanos cubanos en el extranjero.

- ◦ **Repatriación:** Facilitar la repatriación voluntaria de cubanos que deseen regresar a la isla, incluyendo programas de reintegración y apoyo financiero.

Hijos de Cubanos Nacidos en el Extranjero

PROPUESTA: Garantizar que los hijos de cubanos nacidos en el extranjero tengan derecho a la ciudadanía cubana y a todos los derechos y beneficios asociados.

Cómo se Aplicaría:

1. **Ciudadanía por Descendencia:**
   - ◦ **Automática:** Otorgar la ciudadanía cubana automáticamente a los hijos de cubanos nacidos en el extranjero, sin necesidad de renunciar a otras nacionalidades.
   - ◦ **Registro Civil:** Facilitar el registro de nacimientos de hijos de cubanos en consulados y embajadas cubanas en el extranjero.

2. **Acceso a Servicios:**
   - ◦ **Educación y Salud:** Asegurar que los hijos de cubanos nacidos en el extranjero tengan acceso a los servicios de educación y salud en Cuba en igualdad de condiciones que los ciudadanos nacidos en la isla.
   - ◦ **Programas Culturales:** Implementar programas que promuevan la cultura y el idioma cubano entre los niños y jóvenes cubanos en el extranjero para mantener el vínculo con sus raíces.

Ejemplo Internacional: Sistema de Protección a Ciudadanos en el Extranjero

EJEMPLO: MÉXICO
   Sistema de Protección:

- **Instituto de los Mexicanos en el Exterior (IME):** México ha establecido el IME para proteger y promover los derechos e intereses de los mexicanos en el extranjero.
- **Asistencia Consular:** Proporciona asistencia consular integral, incluyendo apoyo en emergencias, protección legal, y programas educativos y culturales.

   Impacto Esperado:

- **Protección Integral:** Un sistema similar en Cuba garantizaría la protección integral de los cubanos en el extranjero, asegurando que sus derechos y bienestar estén protegidos.
- **Fomento de Vínculos:** Fortalecer los vínculos culturales y sociales entre los cubanos en el extranjero y su país de origen, promoviendo un sentido de comunidad y pertenencia.

Conclusión

INCORPORAR UN SISTEMA robusto de protección para los ciudadanos cubanos dentro y fuera de la isla en la nueva constitución es crucial para asegurar sus derechos y bienestar. Al aprender de ejemplos exitosos como el de México, Cuba puede establecer un marco legal y administrativo que garantice la protección y asistencia a sus ciudadanos en cualquier parte del mundo. Este enfoque no solo fortalecerá los vínculos entre los cubanos y su país, sino que también promoverá una mayor cohesión y solidaridad entre todos los ciudadanos cubanos, independientemente de donde residan.

GOBERNANZA DEMOCRÁTICA

Propuesta: Establecer un gobierno provisional que administre el país durante la transición, garantizando la estabilidad y la continuidad de los servicios públicos.

Cómo se Aplicaría:

1. **Formación del Gobierno Provisional:**
   - **Representación Inclusiva:** Formar un gobierno provisional que incluya representación de diferentes sectores políticos y sociales para asegurar la inclusión y legitimidad.
   - **Supervisión Internacional:** Involucrar a organismos internacionales como la ONU, la OEA y la Unión Europea para supervisar el proceso de formación y funcionamiento del gobierno provisional.

2. **Estabilidad y Continuidad:**
   - **Servicios Públicos:** Garantizar la continuidad y eficiencia de los servicios públicos esenciales durante el periodo de transición para evitar el vacío de poder y el colapso de los servicios.
   - **Plan de Transición:** Desarrollar un plan detallado de transición que incluya plazos, objetivos y mecanismos de evaluación para asegurar una transición ordenada hacia un gobierno democrático electo.

Impacto Esperado:

- **Estabilidad Política y Social:** Mantener la estabilidad política y social durante el periodo de transición, evitando el caos y la incertidumbre.
- **Transición Ordenada:** Asegurar una transición ordenada hacia un gobierno democrático, con una estructura clara y transparente que guíe el proceso.

Ejemplos Internacionales:

- **Túnez:** La transición democrática en Túnez después de la Primavera Árabe incluyó un gobierno provisional que gestionó el país hasta que se realizaron elecciones libres.

Ejemplo Internacional Detallado: Túnez
Resumen de la Transición Democrática en Túnez:

1. **Gobierno Provisional Inclusivo:**
   - **Formación del Gobierno Provisional:** Después de la Primavera Árabe, Túnez estableció un gobierno provisional con representación de múltiples partidos políticos y grupos sociales para asegurar un proceso inclusivo y participativo.
   - **Supervisión Internacional:** La transición contó con el apoyo y la supervisión de organismos internacionales, asegurando la transparencia y la legitimidad del proceso.
2. **Garantía de Estabilidad y Continuidad:**
   - **Mantenimiento de Servicios Públicos:** El gobierno provisional garantizó la continuidad de los servicios públicos esenciales, evitando el colapso

administrativo y manteniendo la confianza de la población.

- ◦ **Plan de Transición:** Se desarrolló un plan detallado de transición con plazos claros para la realización de elecciones libres y la redacción de una nueva constitución.

Aplicación del Modelo de Túnez en Cuba:

1. **Formación del Gobierno Provisional:**
   - ◦ **Inclusión y Representación:** Formar un gobierno provisional en Cuba que incluya representación de todos los sectores políticos y sociales, asegurando un proceso inclusivo y legítimo.
   - ◦ **Supervisión Internacional:** Involucrar a organismos internacionales para supervisar y apoyar el proceso, garantizando la transparencia y la legitimidad.
2. **Garantía de Estabilidad y Continuidad:**
   - ◦ **Continuidad de Servicios Públicos:** Asegurar que los servicios públicos esenciales continúen funcionando eficientemente durante el periodo de transición, evitando el vacío de poder.
   - ◦ **Desarrollo de un Plan de Transición:** Crear un plan de transición detallado que incluya plazos específicos para la realización de elecciones libres y la implementación de una nueva constitución democrática.

Conclusión

Establecer un gobierno provisional inclusivo y supervisado internacionalmente es crucial para asegurar una transición democrática exitosa en Cuba. Aprendiendo del ejemplo de Túnez, Cuba puede evitar el vacío de poder y garantizar la estabilidad política y social durante este periodo crítico.

Ventajas y Desventajas Generales

Ventajas:

1. **Mayor Cohesión Social:** Las políticas que promueven la igualdad de oportunidades, la equidad y los derechos fundamentales pueden fortalecer la cohesión social, creando una sociedad más unida y justa.
2. **Desarrollo del Talento:** Proporcionar igualdad de acceso a la educación, al empleo y a los servicios básicos maximiza el potencial de todos los ciudadanos, beneficiando el desarrollo económico y social del país.
3. **Reducción de la Pobreza:** La equidad en el acceso a servicios básicos puede reducir las tasas de pobreza y mejorar la calidad de vida de las personas más vulnerables.
4. **Mayor Transparencia y Rendición de Cuentas:** Las políticas anticorrupción y de transparencia gubernamental pueden aumentar la confianza pública en las instituciones y reducir la corrupción.
5. **Fortalecimiento de la Democracia:** La separación de poderes, las elecciones libres y justas, y la participación ciudadana fortalecen las instituciones democráticas y promueven la gobernanza democrática.
6. **Mejora en la Salud Pública y Educación:** Sistemas de salud y educación accesibles y de calidad pueden mejorar significativamente los indicadores de bienestar y desarrollo humano.
7. **Protección de Derechos Humanos:** Las garantías de libertades fundamentales y derechos humanos aseguran un trato justo y equitativo para todos los ciudadanos.

8. **Seguridad y Defensa Eficaz:** Un sistema de defensa nacional bien equipado y cuerpos policiales eficientes pueden garantizar la seguridad interna y externa, respetando los derechos humanos.

Desventajas:

1. **Costos Elevados:** Implementar políticas que aseguren la igualdad de oportunidades, la equidad y la protección de derechos puede requerir una inversión considerable en educación, salud y programas sociales.
2. **Resistencia al Cambio:** Pueden surgir resistencias de sectores que se benefician del statu quo o que ven las políticas de equidad como una amenaza a sus privilegios.
3. **Desafíos Administrativos:** Garantizar la equidad en el acceso a servicios básicos y la implementación de políticas justas puede presentar desafíos logísticos y administrativos, especialmente en áreas rurales o de difícil acceso.
4. **Riesgo de Desinformación:** La libertad de prensa y de expresión, aunque crucial, puede llevar a la difusión de discursos de odio o información falsa si no se regula adecuadamente.
5. **Fragmentación Política:** La libertad de reunión y asociación puede llevar a la fragmentación política y social si no se manejan adecuadamente las diferencias ideológicas.
6. **Dependencia Internacional:** Involucrar organismos internacionales en la supervisión de la transición puede generar dependencia externa y posibles tensiones con actores internos.

Conclusiones

Implementar una constitución basada en los principios de liberalismo, democracia y anticorrupción en Cuba puede traer numerosas ventajas y transformar el país en una sociedad más justa, equitativa y desarrollada. Las reformas propuestas tienen el potencial de:

- Fortalecer las instituciones democráticas y promover una gobernanza más transparente y responsable.
- Mejorar significativamente la calidad de vida de los ciudadanos mediante el acceso equitativo a la educación, la salud y los servicios básicos.
- Reducir la pobreza y fomentar el desarrollo económico a través de la libre empresa y la protección de los derechos de propiedad.
- Garantizar los derechos fundamentales y las libertades individuales, creando un entorno más justo y respetuoso para todos los ciudadanos.

Sin embargo, estos cambios también conllevan desafíos importantes, como la necesidad de una inversión considerable, la resistencia al cambio por parte de ciertos sectores, y los desafíos administrativos y logísticos de implementar estas políticas en todo el país. Además, la supervisión internacional durante la transición, aunque crucial para asegurar la transparencia y la justicia, puede generar tensiones internas.

A pesar de estas desventajas, los beneficios a largo plazo de una constitución que promueva la equidad, la transparencia y la participación ciudadana son incalculables. Aprendiendo de los ejemplos exitosos de países como Finlandia, Noruega y Nueva Zelanda, Cuba puede avanzar hacia un futuro donde todos sus ciudadanos tengan la oportunidad de prosperar y contribuir al bienestar común.

En última instancia, la implementación de estas reformas requiere un compromiso firme y una voluntad política para superar los desafíos y construir una sociedad más justa y equitativa. Con un enfoque claro y un plan bien estructurado, Cuba puede lograr una transformación significativa y duradera en beneficio de todos sus ciudadanos.

Reflexión para el lector:

• ¿Qué aspectos de estos ejemplos crees que serían más beneficiosos para Cuba?

• ¿Cómo piensas que se podrían implementar en el context geopolitico actual?

Capítulo 7: Implementación de la Nueva Constitución

Proceso de Transición
Supervisión Internacional:

- **Propuesta:** Involucrar a organismos internacionales como la ONU, la OEA y la Unión Europea para supervisar la transición hacia la nueva constitución y garantizar su implementación pacífica y ordenada.
- **Ejemplo Internacional:** La transición democrática en Sudáfrica fue supervisada por varios organismos internacionales, lo que ayudó a asegurar un proceso justo y pacífico.
- **Impacto Esperado:** Mayor confianza y credibilidad en el proceso de transición, asegurando que las reformas se implementen de manera justa y transparente.

Aprobación Popular:

- **Propuesta:** Someter la nueva constitución a un referéndum nacional para que sea aprobada por el pueblo cubano, garantizando que refleje verdaderamente la voluntad popular.
- **Ejemplo Internacional:** En Islandia, el referéndum constitucional de 2012 permitió a los ciudadanos participar directamente en la creación de su nueva constitución.
- **Impacto Esperado:** Legitimidad y aceptación de la nueva constitución, fortaleciendo la democracia y asegurando que las reformas tengan un amplio apoyo popular.

Gobernanza Democrática:

- **Propuesta:** Establecer un gobierno provisional que administre el país durante la transición, garantizando la estabilidad y la continuidad de los servicios públicos.

- **Ejemplo Internacional:** La transición democrática en Túnez después de la Primavera Árabe incluyó un gobierno provisional que gestionó el país hasta que se realizaron elecciones libres.
- **Impacto Esperado:** Estabilidad política y social durante el periodo de transición, evitando el vacío de poder y asegurando una transición ordenada.

CAPÍTULO 8: PROPIEDAD Pública y Privada

Propiedad Pública y Privada

Coexistencia y Beneficios

PROPUESTA: Reconocer y proteger tanto la propiedad pública como la privada, asegurando que ambos tipos de propiedad puedan coexistir y contribuir al bienestar económico y social del país.

Cómo se Aplicaría:

1. **Marco Legal y Protección:**
    - **Reconocimiento Constitucional:** Reformar la constitución para reconocer y proteger explícitamente tanto la propiedad pública como la privada.
    - **Legislación Específica:** Promulgar leyes que regulen y protejan los derechos de propiedad privada y pública, asegurando un marco legal claro y estable.
2. **Mecanismos de Supervisión y Control:**
    - **Organismos Reguladores:** Establecer organismos reguladores independientes para supervisar la gestión de las propiedades públicas y privadas, asegurando que operen de manera transparente y eficiente.
    - **Auditorías Regulares:** Implementar auditorías regulares de las propiedades públicas y privadas para garantizar su correcto uso y mantenimiento.
3. **Incentivos y Colaboración:**
    - **Fomento de la Colaboración Público-Privada:** Promover proyectos de colaboración entre el sector público y privado para maximizar el uso de recursos y mejorar la calidad de los servicios.
    - **Incentivos para la Inversión:** Ofrecer incentivos fiscales y económicos para estimular la inversión privada en sectores estratégicos, complementando los servicios públicos.

Impacto Esperado:

- **Economía Dinámica y Diversificada:** Una economía más dinámica y diversificada, con oportunidades tanto para la inversión privada como para el desarrollo de servicios públicos de calidad.

- **Bienestar Económico y Social:** Mayor bienestar económico y social al aprovechar las fortalezas de ambos sectores para ofrecer mejores servicios y oportunidades a la población.

Ejemplos Internacionales:

- **Suecia:** Combina una economía de mercado con una fuerte presencia del sector público, ofreciendo un modelo de coexistencia exitosa.

Impacto en la Economía

PROPUESTA: Fomentar un entorno donde la competencia justa entre entidades públicas y privadas promueva la innovación, la eficiencia y el crecimiento económico.

Cómo se Aplicaría:

- **Regulación de la Competencia:**

o **Leyes Antimonopolio:** Desarrollar y aplicar leyes antimonopolio que eviten prácticas desleales y aseguren una competencia justa entre entidades públicas y privadas.

o **Supervisión y Enforzamiento:** Crear organismos independientes para supervisar y hacer cumplir las leyes de competencia, garantizando que todas las entidades operen en igualdad de condiciones.

- **Incentivos para la Innovación:**

o **Fomento de la Investigación y Desarrollo:** Ofrecer incentivos fiscales y subsidios para proyectos de investigación y desarrollo tanto en el sector público como en el privado.

o **Premios y Reconocimientos:** Instituir premios y reconocimientos para entidades que demuestren innovación y eficiencia en sus operaciones.

- **Apoyo a PYMEs y Emprendimientos:**

o **Programas de Financiación:** Crear programas de financiación y apoyo para pequeñas y medianas empresas

(PYMEs) y emprendimientos, facilitando su crecimiento y participación en el mercado.

o **Capacitación y Asesoramiento:** Proveer programas de capacitación y asesoramiento para emprendedores y gestores de PYMEs, ayudándolos a mejorar su competitividad y sostenibilidad.

Impacto Esperado:

- **Creación de Empleo:** Generación de nuevas oportunidades de empleo a través de la expansión y diversificación de la economía.
- **Aumento de la Inversión:** Mayor atracción de inversiones tanto nacionales como extranjeras, impulsando el crecimiento económico.
- **Mejora en la Calidad de los Servicios:** Mejoras en la calidad y eficiencia de los servicios ofrecidos tanto por entidades públicas como privadas, beneficiando a toda la población.

Ejemplos Internacionales:

- **Alemania:** Cuenta con una economía social de mercado que equilibra la libertad económica con un sólido sistema de bienestar social.

Conclusión

RECONOCER Y PROTEGER tanto la propiedad pública como la privada y fomentar una competencia justa entre ambos sectores es crucial para crear una economía dinámica y diversificada en Cuba. Aprendiendo de ejemplos exitosos como Suecia y Alemania, Cuba puede establecer un marco legal y regulatorio que asegure la coexistencia beneficiosa de ambos tipos de propiedad, promoviendo la innovación, la eficiencia y el crecimiento económico.

Propiedad Pública y Privada

Coexistencia y Beneficios

PROPUESTA: Reconocer y proteger tanto la propiedad pública como la privada, asegurando que ambos tipos de propiedad puedan coexistir y contribuir al bienestar económico y social del país.

Cómo se Aplicaría:

1. **Marco Legal y Protección:**
   - **Reconocimiento Constitucional:** Reformar la constitución para reconocer y proteger explícitamente tanto la propiedad pública como la privada.
   - **Legislación Específica:** Promulgar leyes que regulen y protejan los derechos de propiedad privada y pública, asegurando un marco legal claro y estable.
2. **Mecanismos de Supervisión y Control:**
   - **Organismos Reguladores:** Establecer organismos reguladores independientes para supervisar la gestión de las propiedades públicas y privadas, asegurando que operen de manera transparente y eficiente.
   - **Auditorías Regulares:** Implementar auditorías regulares de las propiedades públicas y privadas para garantizar su correcto uso y mantenimiento.
3. **Incentivos y Colaboración:**
   - **Fomento de la Colaboración Público-Privada:** Promover proyectos de colaboración entre el sector público y privado para maximizar el uso de recursos y mejorar la calidad de los servicios.
   - **Incentivos para la Inversión:** Ofrecer incentivos

fiscales y económicos para estimular la inversión privada en sectores estratégicos, complementando los servicios públicos.

Impacto Esperado:

- **Economía Dinámica y Diversificada:** Una economía más dinámica y diversificada, con oportunidades tanto para la inversión privada como para el desarrollo de servicios públicos de calidad.
- **Bienestar Económico y Social:** Mayor bienestar económico y social al aprovechar las fortalezas de ambos sectores para ofrecer mejores servicios y oportunidades a la población.

Ejemplos Internacionales:

- **Suecia:** Combina una economía de mercado con una fuerte presencia del sector público, ofreciendo un modelo de coexistencia exitosa.

Impacto en la Economía

PROPUESTA: Fomentar un entorno donde la competencia justa entre entidades públicas y privadas promueva la innovación, la eficiencia y el crecimiento económico.

Cómo se Aplicaría:

- **Regulación de la Competencia:**

o **Leyes Antimonopolio:** Desarrollar y aplicar leyes antimonopolio que eviten prácticas desleales y aseguren una competencia justa entre entidades públicas y privadas.

o **Supervisión y Enforzamiento:** Crear organismos independientes para supervisar y hacer cumplir las leyes de competencia, garantizando que todas las entidades operen en igualdad de condiciones.

• **Incentivos para la Innovación:**

o **Fomento de la Investigación y Desarrollo:** Ofrecer incentivos fiscales y subsidios para proyectos de investigación y desarrollo tanto en el sector público como en el privado.

o **Premios y Reconocimientos:** Instituir premios y reconocimientos para entidades que demuestren innovación y eficiencia en sus operaciones.

• **Apoyo a PYMEs y Emprendimientos:**

o **Programas de Financiación:** Crear programas de financiación y apoyo para pequeñas y medianas empresas (PYMEs) y emprendimientos, facilitando su crecimiento y participación en el mercado.

o **Capacitación y Asesoramiento:** Proveer programas de capacitación y asesoramiento para emprendedores y gestores de PYMEs, ayudándolos a mejorar su competitividad y sostenibilidad.

Impacto Esperado:

• **Creación de Empleo:** Generación de nuevas oportunidades de empleo a través de la expansión y diversificación de la economía.

• **Aumento de la Inversión:** Mayor atracción de inversiones tanto nacionales como extranjeras, impulsando el crecimiento económico.

- **Mejora en la Calidad de los Servicios:** Mejoras en la calidad y eficiencia de los servicios ofrecidos tanto por entidades públicas como privadas, beneficiando a toda la población.

Ejemplos Internacionales:

- **Alemania:** Cuenta con una economía social de mercado que equilibra la libertad económica con un sólido sistema de bienestar social.

Conclusión

RECONOCER Y PROTEGER tanto la propiedad pública como la privada y fomentar una competencia justa entre ambos sectores es crucial para crear una economía dinámica y diversificada en Cuba. Aprendiendo de ejemplos exitosos como Suecia y Alemania, Cuba puede establecer un marco legal y regulatorio que asegure la coexistencia beneficiosa de ambos tipos de propiedad, promoviendo la innovación, la eficiencia y el crecimiento económico.

Estrategia Económica para la Recuperación de Cuba

Incentivos a Compañías e Inversionistas Extranjeros

PROPUESTA: Fomentar la inversión extranjera mediante la creación de un entorno seguro y atractivo para los inversionistas, ofreciendo incentivos fiscales y garantías para sus inversiones.

Cómo se Aplicaría:

1. **Seguridad para Inversiones:**
   - **Protección Legal:** Establecer un marco legal

robusto que garantice la seguridad jurídica de las inversiones extranjeras, incluyendo la protección contra expropiaciones injustificadas y cambios arbitrarios en las leyes.

- **Convenios Internacionales:** Firmar tratados bilaterales y multilaterales de protección de inversiones para garantizar un entorno de inversión estable y predecible.

2. **Incentivos Fiscales:**
    - **Exenciones Fiscales**: Ofrecer exenciones fiscales atractivas para empresas extranjeras que inviertan en sectores prioritarios como el energético, transporte, agricultura, infraestructura y comunicaciones.
    - **Condiciones de Empleo:** Las exenciones fiscales serán mayores para las empresas que generen empleos de calidad, bien remunerados y con beneficios competitivos para sus empleados.
    - **Duración de Incentivos:** Establecer períodos de incentivos fiscales que se mantendrán mientras se cumplan con los requisitos de empleo y calidad de los servicios proporcionados.

3. **Prioridad de Sectores:**
    - **Identificación de Sectores Clave:** Determinar sectores estratégicos que son prioritarios para el desarrollo nacional, tales como el sector energético, transporte, agricultura, infraestructura y comunicaciones.
    - **Incentivos Adicionales:** Ofrecer incentivos adicionales a las inversiones en estos sectores para fomentar el desarrollo sostenible y autosuficiencia del país.

Prioridad para Inversionistas Cubanos

PROPUESTA: Otorgar prioridad a los cubanos dentro y fuera de la isla para presentar propuestas y proyectos de inversión, fomentando la participación y el emprendimiento nacional.

Cómo se Aplicaría:

1. **Evaluación y Discusión de Proyectos:**
   - **Comités de Evaluación:** Crear comités de economistas y expertos capacitados, elegidos por el Congreso con el respaldo del pueblo, para evaluar y discutir las propuestas de inversión.
   - **Transparencia:** Las evaluaciones y discusiones se realizarán en vivo, con la oportunidad de transmisión a través de cadenas públicas y privadas para asegurar la transparencia del proceso.
2. **Selección y Votación de Proyectos:**
   - **Criterios de Selección:** Establecer criterios claros y objetivos para la selección de proyectos, basados en su viabilidad, impacto económico y social, y contribución al desarrollo nacional.
   - **Votación:** Los proyectos seleccionados se someterán a votación en la Cámara y el Senado, así como a una votación electrónica del pueblo para asegurar una representación democrática en la toma de decisiones.
3. **Subastas y Financiamiento:**
   - **Subastas Públicas:** Los proyectos ganadores, ya sean de cubanos con recursos o sin ellos, se someterán a subastas para atraer inversiones adicionales.
   - **Derecho a Invertir:** Las subastas permitirán que inversionistas, compañías, entidades o personas

interesadas tengan el derecho de invertir en los proyectos seleccionados.

- **Apoyo Financiero:** Crear mecanismos de apoyo financiero para los emprendedores cubanos que necesiten recursos adicionales para llevar a cabo sus proyectos.

Impacto Esperado

DESARROLLO ECONÓMICO y Social:

- **Creación de Empleo**: Generación de empleo de calidad con salarios competitivos y beneficios, mejorando el bienestar económico de los ciudadanos.
- **Aumento de Inversiones**: Atracción de inversiones extranjeras y nacionales, impulsando el crecimiento económico y la modernización de infraestructuras y servicios.
- **Fomento del Emprendimiento:** Estimular el emprendimiento y la innovación entre los cubanos, tanto dentro como fuera de la isla, fortaleciendo el tejido empresarial nacional.

Transparencia y Participación Ciudadana:

- **Proceso Transparente:** Garantizar un proceso transparente y democrático en la evaluación y selección de proyectos, fortaleciendo la confianza del pueblo en las instituciones.
- **Participación Activa:** Fomentar la participación activa de los ciudadanos en la toma de decisiones económicas, asegurando que las políticas y proyectos reflejen las necesidades y prioridades del pueblo cubano.

Ejemplo Internacional: Singapur

SISTEMA DE PROTECCIÓN e Incentivos:

- **Protección Legal:** Singapur ofrece un entorno seguro y estable para los inversionistas, con fuertes protecciones legales y un sistema judicial independiente.
- **Incentivos Fiscales:** El país ofrece exenciones fiscales y otros incentivos para atraer inversiones en sectores clave como tecnología, manufactura avanzada y servicios financieros.
- **Desarrollo de Talento:** Singapur invierte en el desarrollo de talento local a través de programas de educación y formación, asegurando una fuerza laboral altamente calificada.

Impacto en Singapur:

- **Crecimiento Económico:** Singapur ha logrado un rápido crecimiento económico, convirtiéndose en uno de los centros financieros y tecnológicos más importantes del mundo.
- **Innovación:** La combinación de inversión extranjera y talento local ha impulsado la innovación y la competitividad del país a nivel global.

Conclusión

IMPLEMENTAR UNA ESTRATEGIA económica que ofrezca incentivos a compañías e inversionistas extranjeros, garantice la seguridad de sus inversiones y promueva la competencia justa puede ser un motor clave para la recuperación económica de Cuba. Priorizar las propuestas y proyectos de los cubanos, tanto dentro como fuera de la isla, y asegurar un proceso transparente y democrático, fomentará el desarrollo sostenible y la cohesión social. Aprendiendo de ejemplos exitosos como Singapur, Cuba puede avanzar hacia un futuro próspero y competitivo, beneficiando a toda la población.

Capítulo 9: El Poder del Pueblo

El Poder del Pueblo

Papel del Pueblo

IMPORTANCIA: La unidad y la acción conjunta del pueblo cubano son fundamentales para lograr una transición exitosa hacia la democracia.

Cómo se Aplicaría:

1. **Movilización y Organización:**
   - **Campañas de Concienciación:** Desarrollar campañas de concienciación para educar a la población sobre la importancia de la participación ciudadana y la acción colectiva.
   - **Organización Comunitaria:** Fomentar la creación de comités y grupos comunitarios que promuevan la participación activa en procesos políticos y sociales.
2. **Plataformas de Participación:**
   - **Foros de Debate y Discusión:** Establecer foros de debate y discusión donde los ciudadanos puedan expresar sus opiniones, discutir problemas y proponer soluciones.
   - **Uso de Tecnología:** Utilizar plataformas digitales y redes sociales para coordinar acciones, compartir información y movilizar a la población de manera eficiente.

Impacto Esperado:

- **Catalizador de Cambios:** Un movimiento popular fuerte y cohesionado puede catalizar cambios significativos y duraderos en el sistema político y social.

- **Mayor Participación Ciudadana:** Incremento en la participación activa de los ciudadanos en la toma de decisiones, fortaleciendo la democracia y la rendición de cuentas.

Ejemplos Internacionales:

- **Revoluciones en Europa del Este (1989):** Las revoluciones pacíficas en países como Alemania Oriental, Checoslovaquia y Rumania demostraron cómo el poder del pueblo puede derrocar regímenes autoritarios y establecer democracias.

Casos de Éxito

TÚNEZ:

- **Revolución de los Jazmines (2010-2011):**
    - **Proceso:** La movilización masiva del pueblo tunecino llevó al derrocamiento del régimen dictatorial de Zine El Abidine Ben Ali.
    - **Resultado:** Establecimiento de un proceso democrático con la redacción de una nueva constitución y la realización de elecciones libres.

Polonia:

- **Movimiento Solidaridad (años 80):**
    - **Proceso:** El movimiento obrero Solidaridad, liderado por Lech Wałęsa, jugó un papel crucial en la caída del régimen comunista en Polonia.
    - **Resultado:** Transición hacia un sistema democrático, con la legalización de Solidaridad y la realización de elecciones multipartidistas en 1989.

Impacto Esperado:

- **Inspiración y Estrategias Efectivas:** Estos casos de éxito proporcionan inspiración y estrategias efectivas para el pueblo cubano, demostrando que la transición hacia la democracia es posible con determinación y unidad.
- **Refuerzo de la Determinación:** Ejemplos de éxito internacional pueden reforzar la determinación y el compromiso del pueblo cubano para luchar por un futuro democrático.

Conclusión

EL PODER DEL PUEBLO es un factor crucial en la transición hacia la democracia. La unidad y la acción conjunta del pueblo cubano pueden catalizar cambios significativos y duraderos en el sistema político y social del país. Aprendiendo de ejemplos internacionales como las revoluciones en Europa del Este, la Revolución de los Jazmines en Túnez y el movimiento Solidaridad en Polonia, Cuba puede encontrar inspiración y estrategias efectivas para lograr una transición exitosa hacia la democracia.

Capítulo 10: Frases de la Revolución Cubana y su Contraparte Actual

Análisis de Frases Revolucionarias Usadas para Manipular la Opinión Pública

LAS FRASES EMBLEMÁTICAS de la Revolución Cubana han sido utilizadas históricamente para manipular la opinión pública y movilizar a las masas. Estas frases, llenas de poder emocional y retórico, pueden ser reinterpretadas en el contexto actual para subrayar la lucha continua por la libertad y la democracia.

Ejemplos y Cómo Aplicarlas Hoy:

1. **"Cuando un pueblo enérgico y viril llora, la injusticia**

tiembla":

- ◦ **Análisis Histórico:** Esta frase fue utilizada para galvanizar el apoyo popular contra la opresión percibida durante la Revolución. Evoca la imagen de un pueblo fuerte y decidido que no tolerará la injusticia.
- ◦ **Aplicación Actual:** Hoy en día, esta frase puede ser un grito de guerra para aquellos que luchan contra la injusticia del régimen actual. La injusticia en Cuba no ha desaparecido; simplemente ha cambiado de manos. Utilizar esta frase en manifestaciones y discursos puede recordar a la gente que la lucha por la justicia continúa.
- ◦ **Ejemplo Práctico:** "Cuando un pueblo enérgico y viril llora, la injusticia tiembla. Hoy lloramos no solo por los errores del pasado, sino por las injusticias del presente. ¡Sigamos adelante hasta que la justicia prevalezca!"

2. **"Hasta la victoria siempre":**
   - ◦ **Análisis Histórico:** Emblemática de la Revolución, esta frase representa el compromiso continuo con la lucha revolucionaria, hasta alcanzar la victoria final.
   - ◦ **Aplicación Actual:** Reinterpretar esta frase puede significar la lucha continua por la verdadera libertad y democracia en Cuba. La victoria no se alcanza hasta que todos los cubanos sean libres. Esta frase puede inspirar a los ciudadanos a no rendirse hasta que se logren sus objetivos democráticos.
   - ◦ **Ejemplo Práctico:** "Hasta la victoria siempre no es solo un lema del pasado, es nuestro compromiso con el futuro. No descansaremos hasta que todos los

cubanos sean libres y vivan en democracia."

3. **"Patria o muerte, venceremos"**:
    - **Análisis Histórico:** Este lema encapsulaba el espíritu de sacrificio y la determinación de los revolucionarios. Estaba destinado a reforzar la idea de que la lucha por la patria era una cuestión de vida o muerte.
    - **Aplicación Actual:** Hoy, esta frase puede ser reformulada para reflejar la lucha por la patria contra la dictadura actual. "Patria y vida, venceremos" puede servir como un símbolo de esperanza y resistencia pacífica.
    - **Ejemplo Práctico:** "Patria y vida, venceremos. No buscamos la muerte, sino la vida en libertad y dignidad para todos los cubanos."

4. **"El pueblo unido jamás será vencido"**:
    - **Análisis Histórico:** Utilizada para unir al pueblo en la lucha revolucionaria, esta frase enfatiza la fuerza de la unidad.
    - **Aplicación Actual:** En el contexto actual, puede ser utilizada para fomentar la unidad entre los cubanos en su lucha contra la opresión del régimen. Reforzar la idea de que solo a través de la unidad se pueden lograr cambios significativos.
    - **Ejemplo Práctico:** "El pueblo unido jamás será vencido. Hoy, más que nunca, necesitamos estar juntos en nuestra lucha por un futuro libre y democrático."

5. **"Por la revolución, todo; contra la revolución, nada"**:
    - **Análisis Histórico:** Este lema se utilizó para justificar medidas drásticas en nombre de la

revolución y silenciar cualquier oposición.

- ○ **Aplicación Actual:** Reformular esta frase para subrayar el compromiso con los principios democráticos y los derechos humanos. "Por la libertad, todo; contra la opresión, nada" puede ser un poderoso lema.
- ○ **Ejemplo Práctico:** "Por la libertad, todo; contra la opresión, nada. Nuestra lucha no es contra nuestra patria, sino contra la tiranía que la oprime."
- ○

6. **"Trincheras de ideas, valen más que trincheras de piedra":**
   - ○ **Análisis Histórico:** Esta frase enfatizaba la importancia de la ideología y el pensamiento en la lucha revolucionaria, valorando las ideas sobre la fuerza bruta.
   - ○ **Aplicación Actual:** En el contexto actual, esta frase puede ser reinterpretada para subrayar la importancia del debate intelectual y la lucha por los derechos y las libertades a través de ideas y argumentos, en lugar de la violencia.
   - ○ **Ejemplo Práctico:** "Trincheras de ideas, valen más que trincheras de piedra. Nuestra lucha por la libertad y la democracia se basa en el poder de nuestras ideas y nuestra determinación."

Conclusión

LAS FRASES REVOLUCIONARIAS, originalmente utilizadas para manipular la opinión pública y consolidar el poder del régimen, pueden ser poderosas herramientas retóricas en la lucha actual por la democracia y la libertad en Cuba. Reinterpretarlas en el contexto actual no solo honra el espíritu de resistencia de los cubanos, sino que también proporciona una conexión emocional y cultural con el pasado, reforzando el compromiso con un futuro libre y democrático.

Reflexión para el lector:

- ¿Conoces otras frases revolucionarias que podrían ser reinterpretadas en el contexto actual?

- ¿Cómo podríamos usar el lenguaje de la Revolución para inspirar un nuevo movimiento hacia la democracia?

Capitulo 11: Resumen Comparativo de las Constituciones

Comparación entre Constituciones

CONSTITUCIÓN DE 1940:

- **Derechos y Libertades:**

- ○ **Progreso Social:** La Constitución de 1940 aseguraba una serie de derechos civiles, políticos y sociales, promoviendo el progreso y el bienestar del pueblo cubano.
- ○ **Derechos Individuales:** Establecía derechos como la libertad de expresión, de prensa, de reunión y de asociación.
- ○ **Igualdad y Justicia Social:** Incluía disposiciones para la igualdad de género, el derecho a la educación y la salud, y la protección de los trabajadores.

- **Estabilidad Política:**
  - ○ **Inestabilidad:** A pesar de sus avances, la Constitución de 1940 era políticamente inestable. La frecuencia de golpes de estado y la alta corrupción socavaron su efectividad.
  - ○ **Corrupción:** La corrupción en el gobierno y la administración pública era un problema significativo que impedía la implementación efectiva de las políticas progresistas.

Constitución Actual (1976, reformada en 1992 y 2019):

- **Servicios Básicos:**
  - ○ **Provisión de Servicios:** Provee ciertos servicios básicos como educación y salud gratuitos, garantizando acceso universal a estos servicios esenciales.
  - ○ **Control Estatal:** Sin embargo, estos servicios están bajo un estricto control estatal, lo que limita la innovación y la eficiencia.

- **Limitaciones a las Libertades:**
  - ○ **Restricciones Severas:** Limita severamente las libertades individuales y económicas, restringiendo la libertad de expresión, de prensa, de reunión y de asociación.
  - ○ **Represión:** La falta de libertades ha llevado a un estancamiento económico y a una represión generalizada, con frecuentes violaciones de derechos humanos.

Propuesta Moderna:

- **Fundamentos:**
  - ○ **Liberalismo:** Promueve la libre empresa, la propiedad privada y la libertad económica, asegurando que los ciudadanos puedan prosperar sin interferencias indebidas del estado.
  - ○ **Democracia:** Establece un sistema democrático robusto con elecciones libres y justas, separación de poderes y una participación ciudadana activa.
  - ○ **Anticorrupción:** Incluye medidas estrictas para prevenir y combatir la corrupción, como la transparencia gubernamental, la rendición de cuentas y la protección a denunciantes.

- **Derechos y Libertades:**
  - ○ **Protección Integral:** Garantiza una amplia gama de derechos civiles, políticos y sociales, incluyendo la libertad de expresión, de prensa, de reunión y de asociación.
  - ○ **Igualdad y Justicia Social:** Promueve la igualdad de oportunidades, la justicia social y el bienestar general, asegurando el acceso equitativo a la educación, la salud y otros servicios básicos.

- **Impacto Esperado:**
  - ○ **Progreso y Prosperidad:** Una constitución moderna basada en estos principios ofrece una visión para un futuro próspero y libre, combinando las mejores prácticas de los sistemas democráticos modernos.
  - ○ **Desarrollo Económico:** Fomentará un entorno económico dinámico y competitivo, atrayendo inversiones y generando empleo.
  - ○ **Fortalecimiento Democrático:** Fortalecerá la democracia, asegurando una gobernanza transparente y responsable, y

promoviendo una sociedad civil activa y participativa.

REFLEXIÓN PARA EL LECTOR:

- ¿Cuál crees que sería el mayor beneficio de una Constitución moderna para Cuba?

- ¿Cómo podríamos asegurarnos de que no repitamos los errores del pasado?

Capítulo 12: Conclusiones Finales

Libertad Robada, Liberalismo vs Dictadura: El Renacer del Caimán del Caribe

ESTE LIBRO HA SIDO un viaje a través de la compleja historia de Cuba, explorando cómo la libertad ha sido arrebatada al pueblo cubano y proponiendo un camino hacia un futuro mejor basado en los principios del liberalismo, la democracia y la anticorrupción.

Resumen Comparativo de las Constituciones

Constitución de 1940:

- **Derechos y Libertades:** Progresista en derechos civiles y sociales, garantizando libertades individuales y justicia social, aunque inestable y susceptible a la corrupción.
- **Estabilidad Política:** Inestabilidad política y alta corrupción que impidieron su efectividad.

Constitución Actual (1976, reformada en 1992 y 2019):

- **Servicios Básicos:** Provee educación y salud gratuitas, pero con un estricto control estatal que limita la innovación y la eficiencia.
- **Limitaciones a las Libertades:** Severas restricciones a las libertades individuales y económicas, llevando a un estancamiento económico y represión generalizada.

Propuesta Moderna:

- **Fundamentos:** Basada en liberalismo, democracia y anticorrupción, promueve la libre empresa, la propiedad privada y la participación ciudadana activa.
- **Derechos y Libertades:** Garantiza una amplia gama de derechos civiles, políticos y sociales, asegurando igualdad de oportunidades y justicia social.
- **Impacto Esperado:** Un futuro próspero y libre, con un entorno económico dinámico, fortalecimiento democrático y desarrollo social equitativo.

Estrategia Económica para la Recuperación de Cuba

Incentivos a Compañías e Inversionistas Extranjeros:

- **Seguridad para Inversiones:** Protección legal y convenios internacionales para garantizar un entorno de inversión estable.
- **Incentivos Fiscales:** Exenciones fiscales atractivas para empresas que generen empleos de calidad en sectores prioritarios.
- **Prioridad de Sectores:** Fomento de inversiones en sectores estratégicos como energía, transporte, agricultura, infraestructura y comunicaciones.

Prioridad para Inversionistas Cubanos:

- **Evaluación y Discusión de Proyectos:** Creación de comités de evaluación y transparencia en el proceso de selección.
- **Selección y Votación de Proyectos:** Inclusión de la

participación ciudadana en la toma de decisiones económicas.

- **Subastas y Financiamiento:** Apoyo financiero y oportunidades de inversión para emprendedores cubanos.

El Poder del Pueblo

Papel del Pueblo:

- **Movilización y Organización:** Campañas de concienciación y organización comunitaria para fomentar la participación activa.
- **Plataformas de Participación:** Foros de debate y uso de tecnología para coordinar acciones y movilizar a la población.

Casos de Éxito:

- **Túnez:** Revolución de los Jazmines que estableció un proceso democrático.
- **Polonia:** Movimiento Solidaridad que llevó a la transición hacia la democracia.

Conclusión

ESTE LIBRO NO SOLO busca informar sino también inspirar un nuevo movimiento hacia la democracia en Cuba. La implementación de una constitución moderna basada en los principios del liberalismo, la democracia y la anticorrupción es esencial para construir un futuro más próspero, libre y justo para todos los cubanos. Al aprender de los éxitos y errores del pasado y de ejemplos internacionales, Cuba puede avanzar hacia un renacimiento donde la libertad, la igualdad y la justicia prevalezcan.

Reflexiones para el Lector:

- ¿Cuál crees que sería el mayor beneficio de una Constitución moderna para Cuba?
- ¿Cómo podríamos asegurarnos de que no repitamos los errores del pasado?

ESTE LIBRO ES UNA INVITACIÓN a la reflexión y al compromiso con un futuro mejor para Cuba, basado en los valores fundamentales de libertad, democracia y justicia social.

Conclusiones y Reflexiones

<u>Conclusiones finales y llamados a la acción Promover la unidad y participación</u>

- **Convocatoria a la acción:** Invitar a todos los cubanos, dentro y fuera de la isla, a unirse y trabajar juntos por un futuro mejor. La unidad es clave para lograr cualquier cambio significativo.

- **Interacción con los lectores:** Espacio para que los lectores compartan sus reflexiones y propuestas, creando un diálogo activo y constructivo sobre el futuro de Cuba. Construcción de una propuesta de constitución

- **Participación de influencers y líderes comunitarios:** Uso de redes sociales para recoger opiniones y construir una propuesta inclusiva y democrática. Crear plataformas de discusión donde los cubanos puedan participar activamente en el diseño de su futuro.

- **Plataforma de discusión:** Creación de foros y plataformas para la discusión y el desarrollo de propuestas constitucionales. La tecnología puede ser una herramienta poderosa para reunir ideas y fomentar la participación ciudadana.

Reflexión para el lector:

• ¿Cómo puedes contribuir al futuro de Cuba?

• ¿Qué acciones puedes tomar hoy para ayudar a construir un país más libre y democrático?

Interacción y Participación del Lector
<u>**Reflexiones finales:**</u>
Queridos lectores, este libro ha sido un recorrido por la historia de Cuba, sus desafíos actuales y las posibilidades de un futuro mejor basado en los principios de libertad, democracia y anticorrupción. Su participación es esencial para que estas ideas se conviertan en realidad. Propuestas y Opiniones

• **Plataforma de discusión:** Únanse a nuestro foro en línea para discutir estas ideas, compartir sus propuestas y colaborar en la creación de una constitución moderna para Cuba.

• **Encuestas y debates:** Participen en encuestas y debates en nuestras redes sociales para que sus voces sean escuchadas.

Unión y Acción

• **Convocatoria a la unidad:** Únanse a los movimientos y organizaciones que trabajan por un cambio democrático en Cuba. La unidad es nuestra mayor fortaleza.

- **Acciones concretas:** Inicien o apoyen campañas de concientización, participen en manifestaciones pacíficas y utilicen su voz para denunciar las injusticias.

Queridos lectores, juntos podemos construir un futuro donde la libertad y la justicia prevalezcan en Cuba. Agradecemos su tiempo, su atención y, sobre todo, su compromiso con el cambio. ¡El renacer del Caimán del Caribe está en nuestras manos.

Don't miss out!

Visit the website below and you can sign up to receive emails whenever Pavel Pieri publishes a new book. There's no charge and no obligation.

https://books2read.com/r/B-A-ASOQB-SJEOD

BOOKS 2 READ

Connecting independent readers to independent writers.

About the Author

Autobiografía de Pavel Pieri

Me llamo Pavel Pieri, nací en la ciudad de Camagüey, Cuba, en junio de 1981. Desde temprana edad, me enseñaron a valorar la educación y el trabajo arduo. Estos valores me llevaron a obtener un Asociado en Trabajo Social y a cursar cuatro años de estudios en Comunicación Social.

En 2006, mi vida dio un giro significativo cuando deserté de una misión energética en Venezuela. Este acto de valentía y búsqueda de un futuro mejor me llevó a inmigrar a los Estados Unidos. Desde mi llegada en 2006, he trabajado incansablemente para establecerme y construir una nueva vida en este país de oportunidades.

Convertirme en ciudadano estadounidense ha sido uno de los logros más significativos de mi vida. La libertad y el progreso, pilares fundamentales de la sociedad americana, son valores que no solo aprecio profundamente, sino que también trato de promover y defender en cada oportunidad.

Como inmigrante latino, mi camino ha estado lleno de desafíos, pero también de aprendizajes y satisfacciones. Cada experiencia me ha fortalecido y ha reafirmado mi amor por la libertad y mi compromiso con el progreso, tanto personal como comunitario.

A lo largo de mi vida, he mantenido la esperanza y el deseo de ver una Cuba libre y próspera. Aunque las circunstancias me llevaron lejos de mi tierra natal, nunca he olvidado mis raíces ni la lucha por la libertad que continúa en mi corazón.

Esta es mi historia, un testimonio de resiliencia y amor por la libertad, y un recordatorio de que siempre es posible construir un futuro mejor, sin importar cuán difíciles sean las circunstancias.